旭とルリ子

二人いるから日活だった

——今も 今でも これからも——

目次

写真：映画「女を忘れろ」の挿入歌「恋に賭ける男」をデュエットする旭とルリ子（1958〈昭和33〉年9月5日）

写真提供：共同通信社

始まり

ギッシリ混んだ映画館の暗がり。
左右両側に静々と幕が畳まれてゆき巨大なスクリーンが現われる。
音響と共に涼し気な青銀色にキラキラ光り輝やくⓀ——日活マークが昇る
朝日、旭日昇天さながらクルクル回転。
いよいよ映画が始まるときのワクワクする気分——
それは今も鮮明だ。

前菜《オードブル》みたいな何本かの予告編。
出番を待つ作品が面白そうな場面《シーン》を繋《つな》いで畳みかけるように矢つぎ早やに

紹介される。
〝撮影快調!!〟〝堂々完成!!〟〝近日公開!!〟〝乞うご期待!!〟の赤文字が躍り、いかにも「観たい」と思わせる。（予告は「腕試し」として助監督に撮らせていた）
さぁ、そうしていやがうえにも「映画観」の期待と愉しさが昂まってきたところに、横綱が姿を現わすように本篇の登場だ。
主題曲《テーマソング》（多くは主演スターの歌）にのって、題名《タイトル》、出演者。（日活専属の若きスター達とお馴染みの顔ぶれ、そして脇を固める劇団民芸の役者達）
主だったスタッフの名前、最後に、
「監督　中平康《こう》」という五文字の字幕。
それが私の記憶する（脳裏にクッキリと刻み込まれた）昭和三十年代。

（一九六〇年代）

日本映画が〝娯楽の王者〟として君臨し、映画館が〝娯楽の殿堂〟であり活気に満ちていた黄金期。

五社（他に大映・東映・松竹・東宝）中で最も勢いに富んだ（威勢のいゝ）輝かしい（若人に一番人気があった）輝ける日活映画。

座席を埋めつくした大勢の観客、人いきれ、大人の頭の間から大画面をみつめ時空共有、

「人々と一緒に観る」それが映画だった。

父親が日活映画監督（昭和三十一年『狂った果実』が監督昇進第一作）だったので、幼ない頃から「父《パパ》の映画」を観にゆくのが恒例通例――映画館は親しい、近しいところで、映画というものにすっかり馴染んでいた。

各盛り場の主要な通り《メインストリート》には必ず日活直営館が在り、入り口には、〃映画は日活〃と謳う惹句、日活スターの顔写真が出迎えるようにズラーッズラリと並び、上映中の作品の大看板やポスターが、誘うように掲げられ、路上には立て看板。道ゆく人は自然と見入り（魅入らされ）中に入りたくなる町の華やいだ場処《スポット》。

石原裕次郎、小林旭、和田浩治、赤木圭一郎、浜田光夫、山内賢、高橋英樹……

芦川いづみ、浅丘ルリ子、笹森礼子、清水まゆみ、吉永小百合、松原智恵子、和泉雅子……

みんな本当に若くて生命力に溢れ屈託なく、天真爛漫で溌剌としカッコ良く魅力に溢れ、可愛らしく綺麗で素敵な（どうしたって）好感を抱かせずにはおかないという云わば

日活スター全盛期――

その時分だってくだらない愚劣な作品も結構あったけど（次々とたくさん作られていたから）ピカッと光るシャシンは折り折りあったし、何といってもイキイキした（イキのいい）青春真盛り（真只中）のスター達は眩ゆいほど〝素材の輝き〟を放ち、彼らを目にするのは眞に幸福だった……

思わず頬が緩み、微笑みがこぼれてしまう圧倒的なカタルシスをもたらしてくれて、一時間ちょっと（それで充分である。よほどの大作以外は）の映画二本（主作品と併映作の二本立て）を観終わって映画館《コヤ》を出る人達の顔は（モヤモヤが消え全身の血行が良くなり入れ替ったような）満足感を湛えていた。

映画監督を目指して（なりたくて）何人か輩出していた東大の美学に一浪し入学、松竹大船の試験を受けて八人の中に選ばれ合格。

敢然と大学は中退。

張り切って勇み勇躍し目を輝かせて映画界に飛び込んだ父は一番下ッ端の助監督《サード》（雑用係り走り使い）として、ポケットだらけの服で撮影所内を飛び回り駆け巡る名物男だった。

然し古手の監督連で上がつっかえていて、（一体いつ一本立ち出来るか）という有り様。

最古の映画会社である日活が戦後になって経営を再開。あっちこっちから人材を引き抜いていて、移籍を決めた先輩、西河克巳監督の打診と誘いに喜こんでのる。


日比谷の一等地に建てられた日活本社は、セントラルヒーティング完備のモダンな社屋で皆その豪華さに驚いた。地下には日本初のアーケード街。

ＳＫＤ松竹少女歌劇で一世を風靡した（宝塚を軽く凌駕）空前絶後の男役だった水の江瀧子が、重役江守清樹郎の後ろ楯で初の女性プロデューサーとして迎えられ、

「才能がキラめいている」と父を抜擢、太陽族映画第一作となる『太陽の季節』のメガフォンを彼女は父に撮らせたかったが、先輩の古河卓巳にいってしまい、話題にこそなったが作品としては×《ダメ》。二作目が父に任された。

不道徳だ何だと騒がれたが（父は製作談話に「私は太陽族を冷笑する」と）そんな話題性もあいまって（上映禁止と騒ぐムキも）客がドッと映画館に押しかけ押し寄せた。

その頃の日活映画は大人が「子供は見ちゃいけません！」と禁ずるような不良性があり、だからこそ余計「魅力」を感じさせ、日活は一挙に興隆期を迎え、その高潮のようなうねり、大きな波に乗って、

父は精力的《エネルギッシュ》な日々を迎える。

昔のアルバム、私が小さかった頃の若い父はクリクリとした眼に無邪気な明るさがあって力も漲っている。（顔つきからは「陽の気配」がありありと感じられ）

「この才能がどこまでのびるかと怖れた」と新藤兼人が語るくらいで、新進監督として腕を振るい冴えを見せ（様々な企てや実験も試み）意欲的に多彩な作品をこしらえてゆく。

（血気盛んで鼻息荒く鼻っ柱も強く、会社からの押しつけ企画は「オレにあんな仕事出来るかッ　不愉快だっ」と蹴って、夢中になり優勝カップも一杯とってきた、その頃は一部の贅沢な遊びだったゴルフに行ってしまったり）

珍らしく家族三人で一泊旅行にゆけば、会社からその日の内に「直ぐ帰って来てくれ」と呼び返される始末。（半端でない過密スケジュール）

だが「快調に飛ばしている」「得意満面」と見えた時期にも、ずいぶんと懊悩煩悶がすでにあって数々の壁にぶつかっていた。

そして内面は次第に深刻さを増してゆく。(目が目立って険しくなる)

「映画作りに才能なんてものは何%も生かせないのだ」

「映画監督に必要なのは才能じゃない政治力だ」

苦々しく言い放ち、書くようにもなり、苦渋の色が濃くなってゆく――

そうして映画界の蔭《かげ》り。

パンパンに膨らんだ風船のようだった「映画作りの情熱」も薄れ、減じ、……

横溢していたやる気も失なっていく。

(お定まりで私生活も荒れ)

私が十歳未満で家を飛び出した父。

寒々冷えびえとした「主不在の家」に、父と折り合い悪い母方祖母が日参。

(入り浸る)

「この子はアノ男(父)にソックリだ!」

私を目の敵にして母親も妹ばかり可愛がり、二人がかりで私を毎日のように怖い顔して叱責し罵り家から閉め出した。(青山学院初等部の紺の制服上衣で帰ると、何だかんだと怒られ、庭に出されるのがしょっちゅう)

愛情飢餓(砂漠)の私を初代柴犬ポンちゃん(父命名の実に優しい愛犬)が、慈母の如く心配そうに見守るただひとりたったひとりの味方で支え。毎夜涙ながらに床につく、苛酷な少女時代の幕開けと映画界の不振は足並み揃え重なる。

(その頃から私は生きていく、生きているのが大層苦しくて辛かった。辛苦となった)

生々流転。

向かうところ敵無しだったスター達も（何しろ日活も作品自体もめっきり低迷し耳を疑い目を覆うようになるのだから）往時とは雲泥の姿をさらしたり、光りを失っていく。


それは海の向こうのプレスリーやビートルズも同様で。

可愛らしく茶目っ気があり世界のハイティーンから熱狂的に支持された（やはり大人達は禁止の方向で目を光らせ。同じことは「飛び火」し日本にＧＳブーム、グループサウンズが雨後の筍の如くに群出したが「長髪」のスパイダースやタイガースは、ブルーコメッツと違って、大ヒット曲を出してもＮＨＫ

紅白歌合戦に出られなかったのだから今昔の感）リバプール四人組、世界のアイドルグループ、彼らもジョンが魔女のようだったボーボーに髪の長い小野ヨーコとベッタリで（不協和音が生じ）長過ぎるヨレヨレの髪とヒゲ面でヒッピーのように薄汚なくなり雰囲気が全く変わってしまい。

憂欝風を吹かし始め、チリヂリバラバラに、やがて分裂、解散。（不協和音は不況へと繋がっていくよう）灰色《グルーミー》で暗鬱《ダーク》な気配が黒雲のように拡がり、時代は世界的規模で停滞沈滞し負の方向へと蔭り始めたのは間違いなくジョン・F・ケネディの暗殺以降。（凶々しい大凶事）

あとにも先にも、もうこの先決して現れない未曾有の若き大統領《プレジデント》、水際立った政治家で、映画スターも及ばぬ圧倒的魅力の彼は〝夢と希望と理想の松明《たいまつ》〟を掲げ、世界の耳目を魅きつけ老若男女に期待をもたらした。ピッタリお似合いのジャクリーン夫人と、可愛い盛りのキャロラインに愛くるしいジョン坊や。夫婦家族としても我々を魅了してやまず。

（だが長じて後、ジョンJr.＝ジョンジョンも〝ケネディ王朝の再来〟を恐れた連中により飛行機事故を装い殺されてしまう）

六四年十一月、ケネディがダラスで凶弾に倒れた衝撃は消えることなく今も続いている。続く〝期待の星〟弟ロバートのそれも、人間の底知れぬ悪意と憎悪、凄まじい嫉妬がどんなに恐ろしいものか私はまざまざと感じる……

事実は今も（いまだに）隠蔽されているが。

第1章

なぜ今、旭《アキラ》とルリ子なのか

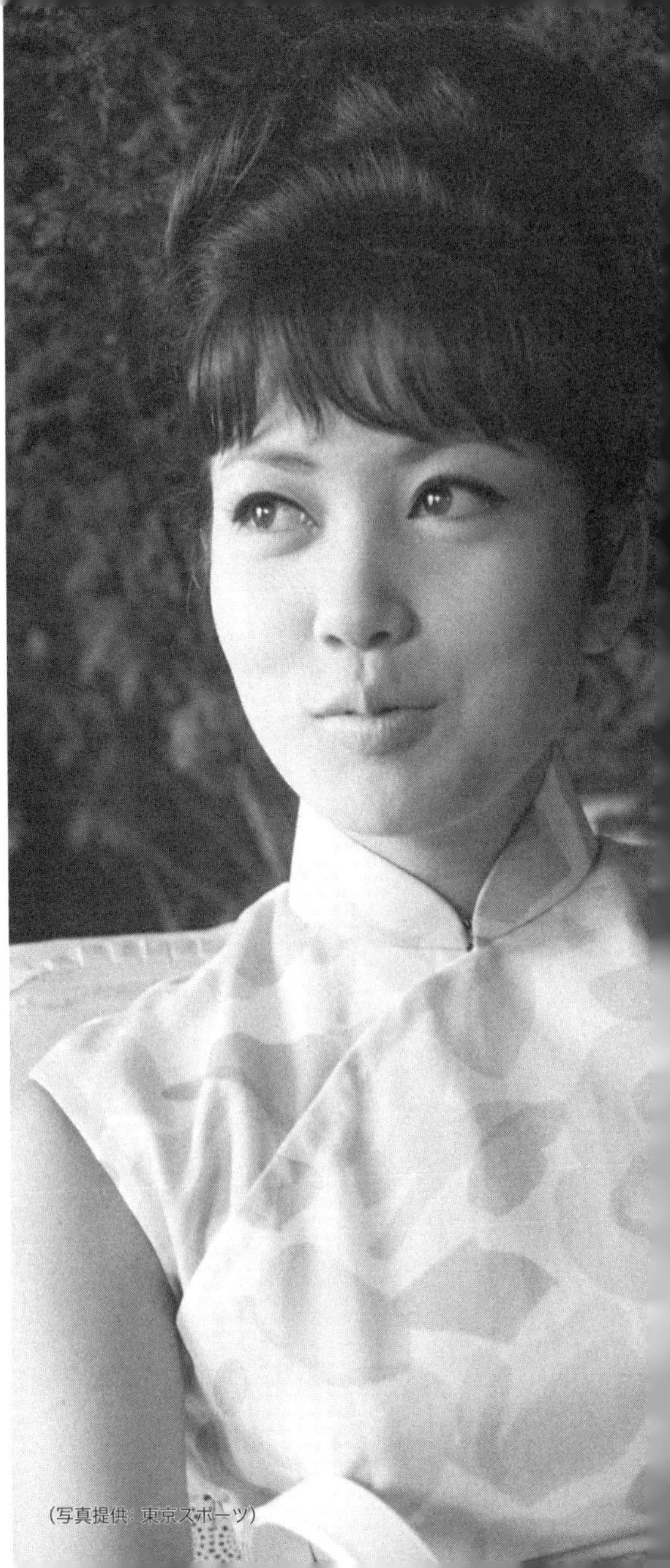

（写真提供：東京スポーツ）

『パイレーツ　オブ　カリヴィアン　最後の海賊』で「生きた亡霊《サラザール》」ハビエル・バルデムの鬼気迫る大迫力、凄まじい圧倒的存在感に瞠目《どうもく》・感服……驚きつつ。

嗚呼《ああ》～小林旭をこんな風に縦横無尽に動かして活躍させる第一級のこういう作品を観たい！

と、痛切に思った。

旭が本領を発揮し（全力でぶつかっていける）ドキドキさせ面白くて見事な圧倒される映画的感興を存分に味わえ堪能できる映画を。

「これが映画！」「これこそ映画‼」「これぞ映画!!!」という老若男女全てに「効く」万人を納得させる本編を。

同じ似たような顔ぶれ（且《かつ》てなら主役なんて到底張れぬB級C級二流三流小粒小物＝素敵さや魅力のカケラもない連中ばかりが定席《レギュラー》を占め、更には下品醜悪見苦しくみっともないのやデブがもてはやされている）、「夢も希望も憧れもナンニもない（ないない尽くしの）」この現実に爽快なる大きな風穴をあけ、一矢報い、斬新新鮮なる感銘《ショック》、を与えてくれる、そんなめざましい（目の覚めるような）作品を心待ちに……

待望久しく待って待って待ち続けているというのに。

稀にしか、こうした超弩《ど》級の映画は現われないが、かくも隅々にまで（バターがトーストの角っこ端っこにまで充分とけてしみ渡っているような）行き届いた、才能実力ある一流の創り手と、文字通り「役者が違う」役者魂横溢の俳優《アクター》陣による成果が結実結集した作品のもたらす醍醐味……

血湧き肉躍る映像にしかない〝映画の力〟（底力・底知れぬ力）を久々に再確認再認識させられる一方で、普段我々の前に流され続けている腐り切ったような（塵芥《ちりあくた》の如き）日々のブラウン管のあれこれ。

映画館にかかっているどうにもお粗末な代物（ボーフラか腐った藻みたいな）、半端な出演者と顔を見るだけで程度《レヴェル》がわかる昨今の貧相なカントクによるモノ（予告編や看板を目にしてもまるっきり気が動かず食指をそそられない）、その志の低さ（無さ）、質の低さ（悪さ）、程度《レヴェル》の低さ（ひどさ）が、よりハッキリと見えてくるではないか。

それにしても、恐らく（永らく）自分自身を、我が身を持て余し、力を持て余しているに違いない最後の大物、

小林旭のことを、

（勿体ない）

（宝の持ち腐れ）

と思い始めてから、一体何十年経つことであろうか。

コレは映画館で観たい！

どうしても観に行かなくては！

と思わせる吸引力求心力のある作品がなく、大抵が画面を大きくしただけ

のTVドラマ的(内容もインスタントスープのように薄く、決まり切っている。せいぜい『探偵はBARにいる』『テルマエ・ロマエ』くらいか。(楽しめたのは)つまり、ブラウン管で一向に構わない、ただサイズを拡大したに過ぎぬ、薄っぺらーい劇《ドラマ》が次々と「量産《オートメーション》」され。(題名《タイトル》も出る面々その顔ぶれもインパクト無し、パンチ0《ゼロ》)

全く変わらない、ちっとも良くならない状況状態がかくも延々永々と続き……模造品《イミテーション》ニセモノ亜流まがい物ばかり、という寒々冷え冷えとした様相には、「映画が、もう、眞に甦ることとは、最早ありえないのだろうか?」と心底懐疑的いや絶望的になってしまう。

だが「映画俳優《スター》小林旭」を本格的にスクリーンの真正面(中央・芯・真ん真ん中)、で観られず、このまんま「唄い手（歌唄い）」で終わらせてしまいたくはない。


大分「太目」（重量級）になって久しい旭。

もっともっと体重を落として！

身体を引き締め絞って！

とこの十年以上（いやもっとか）思って見てはいるのだが……

それはとりもなおさず（何よりも）旭を十全十分十二分に活《い》かして全力を出させる（ヤル気にさせる）ドンピシャリ！

という魅力的な映画と企画が絶えて久しくないからで、彼が太ってしまった（膨張してしまった）のはそれがいちばんの原因にして理由だと思う。

コンスタントに出続けていたならば「太る暇《いとま》もあらばこそ」で容貌容姿も違っていた筈《はず》。

（日活時代「波に乗った旭」は、グングンどんどんみるみるメキメキ〝いい貌《かお》〟になってゆくのだ。本人の「意志の力」も大いにあるが「貌とはつくられてゆくもの」を実感する。（させる）

他方、浅丘ルリ子はどうか。「姥《うば》捨て映画」の頭目《リーダー》、頭領《トップ》として数年前は映画に出たが、「舞台女優」にして「寅次郎映画のマドンナ」ばかりがいわれ、元来正来本来の「映画的資質と適性」を完全には発揮していない感——日活では「サシミのツマ」、と同工異曲？　似たりよったり？　代わり映えのしない？　〝花を添える〟在り方に不服不満だったらしいが、男らしい男《アキラ》（寅とは対極正反対＝生きる姿勢《スタンス》も風貌《マスク》も風体《スタイル》も何もかも）の傍らでキリッと、リンとして、而《しか》も儚《はかな》げな、やわらいだ風情で咲き、微風に揺れているが如き一輪の花に似た麗しさは群を抜き類を見ない魅惑であったのだ——

旭と別れ（訣れ）てからはもっぱら裕次郎の相手役専門（担当）という風で。

蔭り始めた裕次郎へのカンフル剤として、ターキー（水の江瀧子）らが考え抜き知恵を振り絞った「マスコミ・ジャーナリズムの寵児」役、その彼と精神的恋人《プラトニック》兼マネージャーにルリ子を配し、虚実ないまぜ、半実録《セミドキュメンタリー》タッチのロードムーヴィー。

ジープでひた走る彼をジャガーの彼女が追い続ける、全国縦走劇的映像『憎いあンちくしょう』の粘りに粘る蔵原惟繕《くらはらこれよし》による苛酷《ハード》な長期間の撮影によって、精神的にも肉体的にも裕次郎の贅肉が落ちた。

つまり、顔つきも身体も引き締まり復活したその一作で、ルリ子は裕次郎以上の存在感と新鮮さを見せつけるのだ。

その作品の直《す》ぐ後が『若い人』。原作者の石坂洋次郎も目を細めお気に入りであった急成長の吉永小百合と共演。サユリに食われるのでは、と西河克己《にしかわかつみ》監督曰くの〝淀君〟元・北原三枝↓石原まき子は、相当警戒したらしいが、西河監督が「主役はあくまで裕ちゃん。主題歌も裕ちゃん、最後《ラスト》の場面《シーン》も裕ちゃんで」

と成城の自宅に「説得」に行ったら、まき子夫人はワザとゴルフに行き不在。裕ちゃん自身は本人はあっさり恬淡《てんたん》としたもので「オレはどっちだっていいんだよ」

中央に大木のようながっしりとした裕次郎の間崎慎太郎先生、問題児で私生児役の江波恵子に小百合、同性として江波に含むところのある（女同士「互いに」だが）橋本スミ子先生にルリ子……という、今思うと（今観ても）

まあ何て贅沢な配役《キャスト》・顔合わせ——と溜息が出そうになる（うっとりする）
〝黄金《ゴールデン》の三角関係《トライアングル》〟の『若い人』は、原作の東北から舞台を陽光溢れる長崎に移し、日活特有の明るさによって、混じりっ気のないカラリとした哀感と憂愁と叙情と悲哀と甘やかさがカクテルのように彩られた実にいい作品。（芸術祭参加）

三人が三人共本当に素晴らしく、まだ化粧の薄かったルリ子のキラキラとした美しさは忘れ難いし、細身でスラリとカッコイイ裕次郎も爽快。これから一体どこまで伸びてゆくかと期待させる、利《き》かん気な面差し、顔も身体もふっくらしていた美少女小百合も魅力的。

私にとっては〝忘れじの作品〟の一つで、これは「裕次郎最後の輝き」でもあろう。

以後、裕次郎が急激急速加速度的に（石が坂を転がり落ちるさながら）落日落陽……ダブついてゆき、顔面が見るカゲもなくなり、すっかり良くなくなってゆくのに対し、逆にルリ子の方は、冴え冴えとした美貌にいよよ益々一層一際磨きがかかってゆくのだ。

ピサの斜塔のように傾き始めてゆく日活に在っても、一人だけ気を吐くように、冒険作野心作異色作に次々と主演していく。

それは一時期、配給収入のせいもあって〝女裕次郎〟と称された吉永が、最後の名作、やはり蔵原による大江健三郎『広島ノート』が原作の原爆物『愛と死の記録』（相手役はというか主役は浜田光夫だったが、俳優として致命的な不幸で不慮の事故、眼の大怪我により、これは全くの災難としかいいようのない負傷＝重傷で、急遽「新人」でアクションしか知らぬ渡哲也が代役となり、そうして二人のロマンスが生まれるのだが）の後は、駄作凡作愚作ばかりに出続けて、すっかり精彩を欠いてゆくのと眞に対照的、反比例の輝き。

ルリ子には〝強靭なる女優魂《スピリット》〟、といったものが辺りを放射するように強まってゆく。

「プロじゃないんだ」

とよく自嘲気味に吉永が自分を評するのは、ルリ子が頭に、念頭にあってのことではないか。（という気が、そんな気が今にしてする）

「同じような役柄ばかりじゃつまらない」

と次々新たな試み・企て・挑戦を続けるルリ子に対し――

「日活映画の縦糸は実はルリ子なんです」

西河監督の言うように、「男性主（体）映画群」の中でも、殊更無理矢理、変に妙に主張しなくっても、光輝光彩を眩ゆく放ち、優雅優美、しとやかたおやか……

（でありつつ毅然！　とした勁《つよ》さも――）

と多面性多面体の輝き。

まるで金銀砂子かミラーボウルのようなキラメキを発散し、放ち続けてゆく。

日活も映画界も愈々益々どうしようもなくなってからは、すっかりTVに足場を移し（蜷川幸雄の度重なる熱烈で粘り強い誘い《ラヴコール》により舞台にも出始め）、その後は、似たりよったりのマドンナ達、変わり映えのしない（だからこそ観客は安心するのか）、馴れ合い微温湯《ぬるまゆ》マンネリシリーズだった松竹の『男はつらいよ』に迎えられ、それまでとは全然違う（毛色が異なる）異色出色互角破格破天荒な相手役として、新しい風を吹き入れ新風を吹き込み活気を与え活性化し、刷新改善《リフレッシュレヴェルアップ》。

(成る程、こういう風に化けるのが女優、とも思わせ……並み入る過去のマドンナ群は霞みぼやけ影が薄くなり、ボーリングのピン倒し――)

と、完全に一線を画し、寅次郎にとっていちばんの存在となる。

それほどに〝強力強烈な助っ人〟だった。

気に入らないと灰皿を投げつける蜷川にも、

「灰皿なんか投げたらアタシ帰っちゃうから!」

「サヨナラッ」

稽古を終えて帰ってゆくルリ子のサッパリとした物言いも是《ヨシ》と蜷川。(あの手の男はそういう「小股の切れ上がった女」にとても弱いものなのだ)

「折々節目節目に誰かが手を差し伸べてくれた」とルリ子は語っている。

(が、旭の肥満同様ルリ子の濃い化粧《メイク》も「映画不足(作品&役不足)」と私には思われてならない)

TVをつければ体操か学芸会以下の群舞だらけ………前髪を下げつんつるてんの悪趣味な衣装で(どの子も同じよう)、個の魅力がなく数を頼みとした「質より量」、若さだけが売り物取り柄の娘っ子達《ガールズ》。やはり前髪で姑息に額を隠した男の子達《ボーイズ》。低劣極まるウタ未満が占拠占有という、世は「芸なし」集団全盛《グループオンパレード》——

安っぽいタレントは唯々諾々とばかり雁首揃え化粧品サプリ薬と乱立林立〝通販ザクラ〟。

素人も大挙加わり「健康・若返り・美容」と広告宣伝ヤラセCM《コマーシャル》の氾濫洪水。馬・豚・スッポン――と生命を奪い取り込む罪悪罪深さ欲深強欲……「生老病死」を食い物にし、毎日毎日騒々しくこれでもかと際限なしに溢れ返り流れ続ける〝虚の産業〟ラッシュ。

ブラウン管は完全に「安手の電波チラシ」となり果てた不毛の媒体。

このいまだ目ってなかったさもしくサビシイ時代の息苦しさ閉塞感は只事ではない。

今になって振り返ると、「私が子供だった」時代《ころ》は近年近頃とは雲泥の差。何と豊穣、豊かであったことだろうと気づかされる。

現在〝スター〟といえる若手はいづこ？

ニワトリと卵かも知れないが、「スター不在」それが邦画を貧しくしている大いなる原因要因でもあろう。

相も変わらず大竹しのぶ（「巧い」といわれるのが私にはわからない）が何でもかんでもに起用多用され、ピリッとしないふやけた連中や欠伸《あくび》が出そうな退屈な面々ばかり。

中井貴一や梅沢富美男や岸部修三らが堂々主役で罷《まか》り通っているのもまるで解《げ》せない。（「華がない」どころか見るだに不快不愉快なカオ）

凡庸な竹下景子、歳だけ食った三浦友和らが表出し続け、〝青春物〟で夏木陽介や村野武範より数段数等格段に落ちる（劣る）鈍くて冴えない中村雅俊が重用という不可解さにもずっと首をひねり続けている。

「石が浮かんで木の葉が沈む」の通り。

良ければ、素敵なら、私は素直に認め肯定し盛大にほめます！（そういう

人間です私は）
解説くだくだしい理屈以前の（そんなの不要不必要な）輝きキラメキのある男女優、パッと見て魅了される面差し、確かな演技力の双方を併せ持った、ハッとさせられる（且っての旭やルリ子のような）無条件で文句なしにいい！
と思う男優女優がいない。
電球でいえばワット数の桁が違う――
旭は『寝たふりしてる男たち』（読売テレビ）で工藤夕貴に想いを寄せられる設定だったが、旭の相手役には物足りなかったし、他の出演者も不足という感が否めず。（ミナ小ぢんまりとし横綱の旭には小結以下）
ルリ子にも「相応《ふさわ》しい相手」が見当たらない。（ずっと前だが、伊東四朗が恋人＆夫役には唖然とした）

「アキラは情があるのよ」と宍戸錠の出版パーティ会場で昔女優だった人が。その旭自身が韓国女優のことを「情がある」と評していたが、女っぽい女らしい綺麗な大人の女優と絡んで欲しいし、ルリ子も同じで男っぽい男らしい大人の美男俳優と演って欲しい。

二人共、韓《ハン》流華《ファ》流もいいかもしれない。

だが〝旭とルリ子〟という組み合わせで「ノスタルジアでなく」極めつけの〝共演作〟を目にしたい——

ルリ子は『八月の鯨』を倍賞千恵子と舞台で演じたいらしいが、そのテの物は私は御免だな。

同級生の鈍い夫が『八月の鯨』をＴＶで観て「何だかバーサンがウヨウヨ

していたぞ」と言ったそうで、誰でも一つ位は「正鵠《せいこく》を得た言」を吐くと思い笑ってしまったが、やっぱりいつまで経《た》ってもどこまでいっても〃銀幕のスター〃は夢を抱かせてくれなくては……（灰色は現実だけで沢山）「敬老精神」で迎えられたりせず、俳優はあくまで年齢不詳でなければ。

これは誰にだっていえること。

ミナ、トシにとらわれ過ぎている。大体が女優以前の「女性に年齢を訊くのは失礼」だというのに、その美徳美風はどこへいった⁉

競って齢を明らかにし「実年齢にはとてもみえない」落差《ギャップ》を前面に「売らんかな」の化粧品類。

誰も彼もが「年齢御開帳《オープン》」の風調は一体何なのさ⁉

と「スッピン」（この言葉もウンザリ）大合唱《コーラス》のかまびすしさに辟易閉口。

寡黙で言葉少なでヴェールをかぶり実体を見せぬ女優、家族私生活なんか謎に包まれ明らかにしない男優、それが本来の姿であろうに（夫妻父母を売り物に「生活レヴェル」の）特価品安売りゲーノー人ばっかり。

「女優の末路は哀れだぞお」

とは内田裕也の〝名言〟ともいうべき発言。それは美しい女優ほどそうかも知れない。（早くに引退しない限りは）

確かに八割九割方の彼女らはその通り（もう見たくない出ないで欲しい）という変貌をしそれでも出続ける。（整形手術に走ってでもベンベンと……「男の部」では里見浩太朗に三田明他）

だが「若見え」だ何だと「若く見える（見せる）」ことばかりに汲々とし・血道を上げ・血眼という時代、ＪＲのポスターで最大級最大限「若作り」した吉永が何とも不自然なワザとらしい表情で写っているのを見るとツライ。

（肝心の映画の方はつまらんオッサンですら「あのヒトは自分の価値をどんどん下落させている」）

（山田太一はもう二十年近く前に「今の吉永さんは痛ましくて見ていられない」）

ルリ子の方はまるで意識が（根性《ガッツ》も）違う。

ルリ子が仲良かった大原麗子は（「孤独死」なんて騒がれ）早くに没し、〝妹麗子へ〟とルリ子が弔辞を読み現役続行、とはわからないものだ。

ギラン・バレー症候群、うつ病（アンジェリーナ・ジョリーやキャサリン・ゼタ・ジョーンズもうつ病や双曲性障害《ソーウツ》だというし、マライア・キャリーも最近告白《カミングアウト》＝明らかにしたが）に見舞われ、さぞかし辛かったであろう……

そんな大原と違いルリ子はあんまり風邪も引かぬ丈夫な質《たち》だという。（が、病気ばかりは気質体質・生まれ持った因子遺伝子にもよるし、様々な後天的事情もありいかんともし難い）

犬達のお蔭様々で軽くはなったものの「鬱のそれは途方もない辛苦苦痛」を骨身にしみて知っている私は麗子の「言動」「行動」を弁護擁護したい。

怒りっぽくなる、塞ぎ込む等は病の為《な》せるわざでどうしようもない、どうにもならないのだ。（無理解から誤解され、簡単に非難批判されてしまうが）

気の持ちようや考え方といった精神論では如何《いかん》ともし難い「症状」「病状」であることを親友ルリ子にはわかってあげて欲しかったが、同じ経験体験をしないことには「理解の果て」か。

「今の現実の世界を見てたら、みんな生き焦りしてるよ」

「朝起きたら〝何かしなきゃ〟とか」

という旭は、その辺りのところはかなりわかる理解出来る人のような気がする。

「今のご時世ストレスの固まりばっかりでもって、どうにもならなくなっちゃうね」

「演じなきゃとか、唄わなきゃとか、そういう場がこないことには自分のすべてが見せられない、そういうことを意識してるだけの役者だったら。ストレスで今のご時世、生きてらんないんじゃないかな、そんな気がする」

と述べているのだ。

小川宏、高島忠夫、竹脇無我、根津甚八、その他……鬱で苦しんだ人々は芸能界にも数多い。

自殺者三万人以上というのは鬱によるものが相当数、というそんな時代なのだから。

が、寧《むし》ろ「病む」方が当り前、自然ではないかとさえ思ってしまう。

美輪明宏が「今の子の服装はキタナイわね。（とフジ子・ヘミングも）」「言葉遣いもキレイな昔の映画を観た方がいいわね」（往年の日活映画もそうであった）には我が意を得たり。（同感）

薄っぺらい新刊（文学もとうに死に絶えたようだ）ばかりがベルトコンベアー大量生産規格品のように出てニセの活気で次から次へと書棚を満たすマンモス書店はうつろで虚しい。（本物の本屋もＢＯＯＫ　ＯＦＦといった「本を消耗品にしてしまった」薄利多売の安売り屋に押され風前の灯か……）目先の売れ行きに関係なく動じない、時空時代を超え、風雪に耐えるガッシリとしビクともしない書物を取り揃えた風格ある古書店のように、「名画座」はなくてはならないものだ。

温故知新で昨今のカナシクなるようなモノしか知らない若者にも「往年の名画」を知っているがゆえに近年のモノには我慢出来ず「いい物」に飢え渇いている大人にも老若男女子供あらゆる人、万人に。

全て、本もフィルムも何もかも古い新しいは関係なく「いい作品」かそうでないかだけでクラシック音楽同様いいものは生き続け生き永らえる――

「イラッシャイマセコンニチハー」の画一的味気ないチェーン店でなく、寛《くつろ》げる落ち着いたいい喫茶店やレコードをじっくりと聴かせる名曲喫茶も町のオアシスとして必要必須なのはいうまでもない。

「再開発」と聞くとゾッとする。

それらが一体ナニをもたらしたか？

どこもかしこも同じようなのっぺりとした没個性の無機的複合高層ビルがそびえ建ち、味わいのある・軒の低い・顔の見える商店名店一流店老舗を駆逐しバタバタと討ち死にさせ、一様に味も素っ気もない冷たく空疎な集合建築ばかりで「町歩き」の愉しさは最早《もはや》どこにもない。

コンヴィニエンス店《ストア》・無人Ｐ・自動販売機が黴菌《ばいきん》かビールス（ウィルス）さ乍《なが》ら町々を悪化・浸食・破壊、これが現在只今の様相。

「イヤなヘンな心楽しまぬ時代」だとは思いませんか？
私はとっても生きづらい——息が詰まりそう……窒息しそう……そして「行き止まり」の気分になる。

生きることに、生命体としての人間にプラスの作用を与えるのは、様々諸々の不安を煽《あお》りかき立てそこにつけ入りつけ込む「健康食品（サプリメント）」なんかではないだろう。
（と、どのチャンネルにもひしめき、いつ果てるともない・留まるところのないような、有象無象の鬱陶《うっとう》しく夥しく空々しい白々しいそれらの数々に、まだ〝不老不死の薬〟を求め、捜し回った大昔、太古の方が健全な気がする）

そんなのより、いい音楽、美しいもの、おいしいもの、キレイなもの。そして私の場合は「犬」。(幼女期のひどい家庭環境で「子供の自殺」になりかねなかったのを救ってもらって以来、今も「自殺防止役」である、動物愛護相談センターから生命を救ったのが逆に「救った犬に救われて」の犬達と、犬助けグループから迎えた犬達)

更に五感に訴えかけ、沈んだ心や停滞した精神を引き上げ引き立たせてくれるのは(ともすると、このしょうもないどうしようもない現実に挫《くじ》けそうになるのを凡百の説教本や雑誌や宗教よりも力を与え活力をもたらしてくれるのは)、〝虚構《フィクション》(即ち物語り《ストーリィ》)の力〟

つまらぬ現実や埃っぽい日常とは異次元の別世界に誘《いざな》う〝映像〟ならではの魔術魔法《トリックマジック》。

活字より絵画より音楽より舞台より、それら全てを含む総合的な映画が、圧倒的に断然いや勝っている。

その間「忘我」「没我」「無我」になれる（外界、下界、俗界、そして我を忘れさせてくれる）一本の映画、一人の映画スターが放つ途方もない力——

その瞬間そのひととき、大いなる慰藉《いしゃ》を与え「夢の中」に連れてってくれる（夢中になれる）、〝熱烈にいいと思えるもの〟それは人が生きてゆくのに必要不可欠。生が苦で儚《はかな》い生命体であるからこそ……（私にとって「現実は悪夢　此の世は苦界　生は苦行」）

旭とルリ子がロケ先で怒涛のような熱狂的群衆に追っかけられ、度々ゆく先々で線路際を走って逃げる!!　という大騒動の連続も、それほどに「人心」

をとらえたから。
ビートルズ然り
ハリウッドスター然り
プレスリー然り

アメリカ映画も今は一等星、一頭一際抜きん出ている極めつけの大スター、女神の如き美しいゴージャスな女優がいなくなって久しい――

最多アカデミー賞ノミネート（受賞）・メリル・ストリープのような如何《いか》にも理が表に出ている（「巧いでしょ」と顔が語っているような）新劇的「演技派」女優は本来「主」より「脇」（助演）の人であろう。

「私は演技のことはよくわからないけど、いいの、だって私は映画スターなんですもの」

名犬ラッシーと共演の美少女から絵に描いたような美女となり、そう言い放ったエリザベス・テーラーに私は快哉《かいさい》を叫びたい。

「アタシはお芝居なんて大キライ。舞台女優なんて気が知れないわ」

無垢で自然な、繕わぬ言動態度。犬達動物をこよなく愛し、命を救う為に行動。「毛皮はNO！」の〝同志〟ブリジット・バルドーのそれにも。

そう、「演技派」になったときから「スター」ではなくなる。（と誰かも）

洋の東西に、且つてはそういうキラ星達がいたのだ。

撮影当時「MGMが傾く」と騒がれていた『クレオパトラ』を近年やっと観られたが、思っていたような「見掛け倒しの大作」などではなく、大スターやしっかりした役者を取り揃え、時間労力をかけた膨大なスケール、緊密重厚でありながら興趣に富んだ堂々たる作品で、その豪勢さ迫力は特筆級。（クレオパトラには最初ヘップバーンが予定されていたとも聞くが、これでリチャード・バートンとのロマンスが芽生えたリズは真にクレオパトラそのもの）

和製BB《べべ》といわれた加賀まりこも「あたしあれがとても好きなのよ」というバルドーが自身に扮した『私生活』。私も大好きなBB《べべ》の最高最上最良の作だと思うが、あまりの人気に追い詰められるスター女優が（実生活での自殺未遂等々）、天女が空から墜落するように長い豊かな金髪《ブロンド》をたなびかせ、屋根の上からゆっ……くりとスローモーションで堕ち続けてゆくラストシーンは、眩《まばゆ》いばかりに美しく、シーンとした悲しみが。

というように、よく出来た娯楽作品というのは、同時に「何か深いもの」

を感じさせる芸術でもあるのだ。

華やかなスター女優ではないが、豊かな内面や高い精神性を感じさせてくれるのにヘレン・ミランやエマ・トンプソンらがいる。

エリザベス女王に成り切った『クィーン』でヘレン・ミランはアカデミー主演女優賞を受賞。（「その昔のエリザベス」にもドラマで扮している）『第一容疑者』では男の職場で数々の意地悪イヤガラセにも敢然と己を貫き通しつつ、揺らぎ（孤独感さびしさ優しさ）をもみせる警視ヘレン。

『メアリー・ポピンズ』の原作者パメラ・L・トラヴァースが実は幼少期に随分と苛酷な体験をしており、大層キツく頑固。その制作背景を描いた『ウオルト・ディズニーの約束』で「手強い！」とウオルト・ディズニーをも手こずらせつつ「弱き」にはあたたかいトラヴァース役のエマ・トンプソン。

『美女と野獣』での何とも慈愛に満ちた女官エマ。

薬中毒で家庭に私生活にも問題を抱えている人間味溢れる『ナースジャッキー』のイーディ・ファルゴもいたし。

ダイアン・キートンは『ゴッドファーザー』の頃より格段に数等よくなり深みを増し。

と「若さ」だけの女優が何だかつまらなく物足りなく見えてしまう……

そんな「頼もしい彼女達」が何人もいる。

ジュリア・ロバーツだって『ベスト・フレンズ・ウェディング』や『白雪姫と鏡の女王』などでハミ出す役どころを演《や》っていたし、
後味のいい『ノッティングヒルの恋人』では彼女を思わせるスターをキッチリこなして間然とするところがなかったものを――

と「日本の中年以降の女優」は歯が立たない、足元にも及ばないものを感じさせる。

（良さを引き出す作品や監督がいない、ということもあるだろうが）

徒らにやみくもに若さに固執執着し、いともあっさり簡単に整形手術に頼り走って、上っ面表っ面はシワをのばしマブタを上げ「人工的幅広二重」にしてもそれは最早や「表情のない能面のような仮面」でしかなく、〝真の何か〟を伝えることはもうありえない。

そうした「上げ底女優」や「厚かましく図々しくなりふり構わなくなった元・美人女優」の中ではルリ子はやはりグンと抜きん出ている格別特別な存在。

だが「もっと化粧を薄くしても大丈夫ですよ！」

と私は強く云いたい。

（この何十年そう思って見てきた）

「化粧が薄い時の方が好きだった」というファンも相当多いのだ。(秋山庄太郎もその旨口にしていたが)

第2章

日活の黄金時代、あれこれ

(写真提供：東京スポーツ)

「映画は監督の物」という。

けれど、大画面で「その世界」を身を以って見現具体化体現し観客の注目を一身に集め浴びるのは俳優だから「配役《キャスティング》」は、重要以上に決定的だ。

役と役者がピタッと重なりピッタリ重なり合ったとき、それは虚構を超え（虚でなくなり）「現実以上の現実」として観る者に訴えかけ・心揺さぶり・浄化し（カタルシスを与え）・高めてくれ時には「生きる意欲や原動力」さえもたらす。

即ちそれが優れた秀《ひい》でた映画であり俳優であって、皺や白髪といった「年齢的変化」はヘレンやエマらのマイナスよりも「生きてきた確かな証《あか》し」として我々を励まし勇気づけたりもする。

繰り返すが「そういう女優」は日本にいますか？

そして「そういう作品」は？

〝旭とルリ子〟の胸に響き腹にこたえる、心から頷ける新作映画を私は観たいのだ。


四年前、私は〝旭とルリ子〟が共演するのを「生《ナマ》」で見ていた。

旭は光るサテンの黄色いシャツ白いスーツで〝輝く玉子〟の如く。

ルリ子はフランス人形さながらふんわりとしたロマンティックなドレス。

第二部は歌謡ショーで、その合い間、手を繋ぎ乍ら日活時代の話。（第一部は旭が信長、ルリ子が濃姫の舞台劇）

よく（四十年ぶり）組んでくれたと思うし、今後もと望む――

が「本当に本格的にガッチリ共演」はやっぱり映画の「今だからこそ」という作品でと待たれる。

それは、純正サユリストだった私がかなり前に雑誌大特集とその表紙に旭とルリ子が登場し「二人の対談」も載っていたのを見て直ぐ吉永に知らせ、（それゆえであろう）渡と二十九年ぶりに再共演したものの全然よくなかった『時雨の記』、その後の『長崎ぶらぶら節』（どちらも東映）のようであってはならない。

まだ巷に出回っていなかった「ソフトクリイムなる物」を旭とルリ子の二人がロケ先で初めて口にしたことなど語ってくれたのだが、「一緒に（共に）青春を（若い日々を）緊密に（濃密に）近しく（親しく）過ごした」二人には一緒になってもらいたかった……という尽きぬ（尽きせぬ）思いが折り折り湧く。（イヤ、私の中にはず〜〜っと在り続けるのだ）

ルリ子はデビューして四年目の一九五八年、自ら〝運命の人〟という、旭と出合う。

「一目会ったときから恋に落ちていた」

旭はルリ子を「ぶう」と呼ぶ。（ルリ子の本名が「信子」だから、今もそう呼ぶ唯一の人）

「俺、ぶうが好きになっちゃったみたい」

相思相愛であった。

二作目の共演が『絶唱』。（後に何度かリメイクされる悲恋物）

「お互いの恋心が画面に滲み出ていて演技をする必要がまったくなかった」

これは理想形であろう……

映像というのは「共演男女の心情真情」を演技以上にこちらにありありと伝えてしまう。二人が本当に想い合っているか「芝居の上だけ」なのか、いくら演技力を駆使してもわかってしまうのだ——

「会ってるだけで楽しかった」

そんなエネルギーが芸術を作り上げる共同の創造作業には絶対欠かせない。

とルリ子はいう。

それが〝最後の仕上げ〟にして〝決定的な命〟を作品に吹き込み込んで「単なる名作」以上の「特別な一作」となって我々の胸を打ち全身に響く。

観客もファンも（少なくとも私は）「そういう二人」が現実でも一緒になってくれることを望む歓迎切望待望する。『ロミオとジュリエット』のレナードとオリヴィアを筆頭に。

それは〝夢の完結（実現）〟だから。

あんなに可愛かったのに何故!!　何で!!

今でも九重佑三子を見る度に「どうして整形手術なんかしたの？」と妙な二重マブタの人工顔が痛ましく。

（美貌だった嵯峨美智子も整形手術を繰り返しお化けのような顔になってしまったが）

だが「初恋を貫いて」田辺靖雄がそんな彼女と結婚して今も二人が一緒の舞台《ステージ》で息の合ったところを見せ〝公私一体〟なのには（彼は男気があったのだ）と思わせられるが。

ことほどさように「顔」というのはいちばん大事大切重要。

「人形は顔が命」というが俳優だってそうだし、誰だってそうだ。

その人の内面が顔にはおのずから如実に出ているし。（顔には全てが出てしまう。何もかもオソロシイほどに）

〝日活顔〟というのがあって和田浩治は「ミニ裕次郎」だったし、裕次郎がスキー場で骨折し、主演の筈だった『激流に生きる男』は赤木圭一郎にバトンタッチされたが（それがなければ彼は死んでいなかった……）、彼《トニー》が亡くなり高橋英樹が引き継ぐが、英樹は「トニー二代目」として（穴を埋める為。でも全然違う）ニューフェイス試験で採用された。

本当に色んな糸、因縁、要素が絡まり合っている。

飛び降り自殺をしてしまった沖雅也――彼は「最後の日活映画」（ロマンポルノに転じる前）『八月の濡れた砂』に主演の筈だったと知り、それは観てみたかった、ピッタリ！　と思ったものだ。（村野武範もニヒル不敵不良な感

じが良かったが)
彼は〝小林旭二世〟の募集で採用されたそうだが、確かに似た感じ。

という具合に邦画各社は男女優共にハッキリとしたカラー個性特色があって、顔を見るだけで「どこの俳優か」わかるくらいであった。(作風もそれぞれ固有特有のものがあり)
「日活の男優は、裕次郎・旭・浜田光夫・渡哲也にしろ〝素晴らしく洒落た笑い方をする」と書いたのは作家の矢作俊彦だが。(後年ミンナあんまりそういうステキな笑顔を見せなくなった。会社と作品と時代が蔭ってきたせいだろう)
ホント! 日活男優はピカ一の弾《はじ》ける輝く笑顔が五社(日活・大映・松竹・東映・東宝)中随一。日活女優はイキがよく・台詞をスピーディにポンポン軽快に放ち・湿りっ気がなく・頗《すこぶ》る可愛らしかった。

「封建的な」他社から来た俳優が、日活撮影所の解放感と自由さに驚き感心したという。

『絶唱』で兆《きざ》し、映画同様燃え上がった若い若い二人の恋……。

それをルリ子は『私は女優』（日本経済新聞社）で正直に素直に率直に語っている。

けれど「旭さんは、結婚したら女性は家庭を守るもの」という封建的な考え方が強い人だから、「私の女優人生のその後はなかった」、と述懐し「これでよかった、と思うようにしている」と綴《つづ》ってはいるのだが――

「してみなければわからなかった」と思うし。

それに「同じような出方」ではなくても、更に〝道〟は続いた（あった）だろうとも。

何よりあれほど珍しいほど「水も漏らさぬコンビ」。（外面も「男の目には糸を引け、女の目には鈴を張れ」）

一緒になる方が自然だった。


「お嬢さんを下さい」

旭がルリ子の父に申し入れたのを「やれません」。拒絶拒否されたのが一番の原因・理由？

（その「衝撃の事実」を何十年も経ってから旭にルリ子はきかされた）

でも一回で諦めず引き下がらず旭にはトコトン粘って貫いて欲しかったも

のを。

疎遠になったのは「ひばり以前」というのだが、「恋人はいるの？」と『明星』だったか芸能雑誌人気投票第一位同士の対談でのひばりの問いに敢然と「恋人はいます」、旭が答えていればひばり側の猛攻撃《アタック》もなかったろうに（これも思いが残る………）。裕次郎が自宅で〝旭の結婚祝いの小宴〟を催した時「ルリ子はとても怖い顔をしていた」と誰かの証言にあるがアタリマエだろう）ひばりは「ね、踊ろう踊ろう」とルリ子を誘い二人でダンス。

それを旭は離れたところから見ていたと。


〝新婚の二人〟、「ダーリン」「和枝」と呼び合う二人——というグラヴィアを私は目にしたことがあるが、新居をルリ子が訪問するという企画もあったという。（よくまあ引き受けたものだが、これもルリ子の勁《つよ》さを感じる）

「自分を駆り立てようと」ヒョウ柄衿の真赤なコートを見たひばりが「ふーん、アタシもおなじのが欲しいなあ」

この反応は頷ける。

子役のひばりが『悲しき口笛』でシルクハット燕尾服ステッキで出ていた頃（大船ニューフェイスつまり大部屋女優の母が松竹映画新人女優の一人としてひばりが歌い踊る場面の最前列にドレス姿でいて、ひばりがその顎に手をやるのだが――）母がひばりの歌謡ショーに行ったと言うと「アラお姉さん来てくれたの～」という反応も可愛らしい。

「ルリ子の方がひばりよりずっといいのにな」（私の父・康《こう》は松竹の「ひばり映画」に助監でついている）

父も、山口組田岡一雄組長によって否も応もなく有無を云わせず無理矢理

「追い込まれ・囲い込まれ・誘い込まれ」強制強要結婚の頃しみじみと呟いていたものだが……

「男女のこと」「人情の機微」は曰く云い難く説明できないにしても――あんなにも合う「二人の結婚」が成就しなかったのは解《げ》せないし惜しんでも余りある。

嗚呼……だからせめて「かくなる上は」〝極めつけの旭とルリ子〟を映画館の大画面《スクリーン》で目に出来ぬことには心が晴れぬし満足できない。（コノ一本！コノ一作！　といえる物を「最後を飾る」でいいから。いやいややはり「何種類《パターン》」か変化《ヴァリエイション》が欲しいところ）

当初ルリ子は、石坂浩二の恋情恋慕に、「体育会系の男っぽい男性が好きだから、好みのタイプではなかった」結婚式で「感涙にむせんだ」石坂だったが、彼がいくら「理由づけ」をしても離婚は離婚であって、「いったん一緒になった相手とはどんなことがあろうと一生共に」という旭とならば、一回りも二回りも大きい度量と男らしさに包まれてちゃーんと夫婦の道を全う出来たであろうことは間違いない。

「新婚時代は楽しかった」とルリ子は語っているが（私は「妙なこと」をよく憶えていて）「じゅうたんのゴミを拾ってるわ」と、結婚生活について訊かれたルリ子の答え。

吉永と岡田太郎の真夏八月昼間の新宿京王プラザでの結婚披露宴にロングドレスで出席したルリ子は「小百合ちゃんが結婚とは、自分も小百合ちゃんもトシをとったなあと」と云い、

「結婚生活について二人でクチュクチュ話したの」

「岡田さんはとてもいい相手だと思う」、にはリズが皆を失望させたジャッキーのオナシスとの再婚について「アリ（オナシスのこと。アリストテレス・ソクラテス・オナシス）はとてもいい選択だ」とも重なるが。

さて、『憎いあンちくしょう』の蔵原惟繕監督や石原裕次郎への恋愛感情もルリ子は本の中で明らか詳《つまび》らかに。

『狂った果実で』父の助監督《チーフ》をつとめた蔵原に父本『ブラックシープ映画監督「中平康」伝』（ワイズ出版）出版記念パーティ時「相当ルリ子がお好きだったようで」と云ったら「ルリ子、好きでしたね〜」、その思いが「ルリ子の為に」という数々の作品を生んだのだろう。

子供も「敢えてもたなかった」と思っていたら、そうではなかったと。

旭は二人（男と女）子供がいる。
二人共かどちらか？　が「俳優になりたい」というのを、彼が反対してやめさせたのだと。（本人は、映画の照明技師だった父親から「ウチのにはムリだ」といわれナニを!?　と思い奮起し進んだそうだが）
まるで「世襲」の如きこのところの芸能界「猫も杓子も親の名の元に」ワレモワレモと誰も彼も出て来る中では、極めて珍しい。
然《しか》し「適性」「向き不向き」とは？
と考えてしまう。
断然他を圧する抜きん出た逸材は別として、「二代目（二世）」というだけで地の利を得たり、どうってことのないのが「場数」でもって出ている内に
……というのを見るにつけ。（関口宏や小泉純一郎の子ら、そして「番組をブ

チ壊している」と評された神田正輝が裕次郎の「異常な庇護」で消えもせず
にいるのを見るにつけても）

昔から今に到るまで、折り折りその時々流星、流れ星のように出現する男
女優の数々。
『月の輝く夜に』　ニコラス・ケイジ
『ゴッドファーザーＰＡＲＴⅢ』　アンディ・ガルシア
『夏の香り』　ソン・スンホン
『花より男子』　イ・ミンホ
彼も彼も彼も彼も、あんまり素敵なんで目を見張り目を洗われるように新

鮮であった……
だが、いずれもあの刻が絶頂《ピーク》であったか——と歳月の無常（情）を思い知らされるばかり。（N・ケイジに到っては論外の有り様）
それに対し、ついこの間まで（半世紀以上も）出続けたショーン・コネリーは違う。
甦ったから立派。（別格の存在であろうが）
一世一代の当たり役というのはそうあるものではないが（TVなら『名探偵ポワロ』のポワロとヘースティングスとミスレモン、そして〝私の理想の男〟ジャップ警部＝フィリップ・ジャクソンのクワルテットがそうだが）眞に007がそう。（その典型）
『ドクター・ノー』で白眉の最高のジェームズ・ボンドとして際立った登場。

稀に見る精悍さ、歩くだけで絵にサマになる「ジャングルキャットのような」歩行・無駄のない適格な動き・拳銃《ピストル》構えた態勢《ポーズ》・何もかもカッコ良く完璧《パーフェクト》でウルスラ・アンドレスら大人っぽく仇っぽいボンドガールズの凄艶な大迫力。

二作目『ロシアより愛をこめて』はスパイ活劇《アクション》という分野《ジャンル》を軽々楽々と超え、〝映画の金字塔〟を打ち立てる最高傑作でダニエラ・ビアンキの美貌と上品な色香、マット・モンロー唄う酔わせるようなムーディな主題歌その官能的旋律《メロディ》。

恒例となった巻頭《オープニング》冒頭場面《シーン》ガンバレル・シークエンス、期待に胸高鳴るジェームズ・ボンドのテーマ曲。最初からグッと観客を掴みひきつけひきずり込んで離さない見事さは「映画の雄」。

(三作目ダメ監督ガイ・ハミルトンの『ゴールドフィンガー』は全くの駄作

でいいのは主題歌のみ）

四作目に手練《てだ》れのテレンス・ヤングが再々登板で監督した『サンダーボール作戦』では再び作品も彼《ボンド》も活気精気を取り戻し、クロディーヌ・オージェのボンドガールも極めて美しく。

だが『００７は二度死ぬ』は、さしもの００７もあまたの外国物同様、日本を舞台にするとこんなにもオカシク「奇妙奇天烈変テコ」になるかと。ボンドも「借りて来られた」ように切れ味も冴えもみられず。

『女王陛下の００７』は、二代目ボンドのジョージ・レーゼンビーも映画自体も頗《すこぶ》る良かったのに彼《ジョージ》は一作きり。（これは今も残念。ロジャー・ムーアより断然いいのに）

再びコネリーが乞われての『ダイヤモンドは永遠に』は、あんまり彼が老《ふ》けこんでいるのに驚きショックを受けた。

まるで精彩がなく作品自体もよくなくて。(またしてもガイ・ハミルトン)ボンド役を嫌って、その後は全然違う種類《タイプ》の物に出続けたが、正直あんまり感心できなかった。

然しその後、『ネヴァセイ・ネヴァアゲイン』(「もう二度としない」というコネリーの言葉から生まれた題名《タイトル》で、軽過ぎて漫画的《マンガチック》、如何《いか》にも頼りなく物足りないロジャー・ムーアに対抗し本家本元として久々に返り咲いた時には(それまでの試行錯誤が決して無駄ではなかったように)、年齢を超越した男っぷりが、さながら「寝かせた(熟成した)銘酒の如き」

何しろ、孫ほどに若い女優とでもちゃんとラヴロマンスが成立。若い男が束になっても叶《かな》わぬ厚味のある男性的魅力と包容力に溢れ、奥深さ滋味を湛《たた》え。

いつの間にか、押しも押されもしない揺るぎない貫禄・渋さ・風格を身に

着け（リチャード・ギア共演『トゥルーナイト』のアーサー王役も良かった）
すっかり名優になっていた――

海外でもコネリーみたいな役者は滅多にいないいか稀かも知れない。
でも文字通りのロマンスグレー、若いヘップバーンを魅きつけ活劇《アクション》もこなした『シャレード』ケイリー・グラント
若い頃は大根に見えたが、中年以降ペーソスユーモアが加わった『ああ結婚』マルチェロ・マストロヤンニ
青年期のアクが消え、マフィアの親分《ドン》ならこの人しかいないと思わせた『ゴッドファーザー』マーロン・ブランド
愛すべき怪優で、悪役もいい『恋愛小説家』ジャック・ニコルソン
黒人俳優ならではの佇《たたず》まいと、味わい深さを感じさせる『ドライヴィング

ミスデイジー』モーガン・フリーマン
と、何人もいるではないか……年齢を味方につけ、説得力があり、出て来るだけで納得させてくれるいい男優達が。
翻《ひるがえ》って、日本はどうか？
三国連太郎くらいしか思いつかない。
押し出しのきいたヴェテラン大御所でありながら軽妙さも備え、硬軟・軽重・悲劇喜劇何でもOKだったのは。（勝新太郎もいい味を出せた筈だが、野獣猛獣の如き勝を使いこなせるプロデューサー監督が存在しなかったのが彼及び映画界の損失悲劇）
だが忘れてはならじ！
そんな中で現存している（存在している）力のあり余っている唯一人。

それが、小林旭。

原作者である兄（慎太郎）の威光もあり、最初ッから（下積みなど無縁）〝特別待遇〟だった石原裕次郎。

太陽族映画（愚作『太陽の季節』）でのいわばコーチ指南役「顔出し」の数ヶ月後『狂った果実』でいきなり憧れの北原三枝と主演。（石原兄弟がファンだったから）

「地のまんまの自然さ」「日本人離れした肢体《プロポーション》（当時はカモシカのようといわれた細身《スレンダー》）、それまでにはなかった類《タイプ》の男優」として熱狂的に迎えられ、一大ブームを巻き起こす。

然し、「短命」で数年席捲した後には様変わり面変わりし、遂には百八〇度も変り果て………

「太った裕次郎が日活をダメにした」といわれる激変凋落。

（「ムードアクション」なんて苦し紛れに命名された、ボテついた冴えない顔で「向こうのパクリ」連発群は私には幻滅と嫌悪感しかない。見ているのが辛く苦しいだけだった）

抜擢した大恩人（育ての親）水の江瀧子が、「取り巻きを作るな」（他には「序列に文句をいうな」「給料《ギャラ》の不平を口にするな」）といったのに、おぞましい「軍団」なんていわれる集団（〝シナトラ一家〟とはまるで違う）の「親分」なんかにおさまって。

男は群れるなんて最低！「個（孤）」であるべきが。

何が国民的ドラマ⁉ 坐ったきりで膨張した顔面をさらすだけの『太陽にほえろ』（日本テレビ）の「動かぬ（動けぬ）上司」となり果て——彼こそは絶頂期に「俳優は男子一生の仕事にあらず」と広言放言豪語した通り、「カッコいい時点」でサッと幕引きすべきだったものを。（以後は「信じられぬ悪趣味な衣装」で本来なら最も不釣り合い不似合いな八代亜紀と組んだり、〝夜のキャバレー風演歌歌手〟になるという変容）

その点、旭は違う（全然違う）。全てに於いて。

旭は「叩き上げ」。

底辺（群衆《エキストラ》もした）から這い上がってきた〝本物の映画俳優スター芸人エンタテイナー役者〟。陰惨極まる軍隊や相撲界や運動部のようにセンパイ古参古手男優やら若手監督スタッフらの凄まじいイヤガラセ意地悪（勝新もそれを多少経験）を体験し抜いて、頭角を現してきた人。

面白味が消え失せ一本調子になった高倉健。猛々《たけだけ》しく野生的だったのが信じられない三船敏郎。

偶像視され敬称尊称つけられる健さん、だの「世界の」なんて響きが空しいミフネ、「部下」が担《かつ》ぐミコシに乗っているだけの「ボス」裕次郎。

彼らは（彼らとは）、本質的に問題にならない。


映画界が旭日昇天の勢いで栄え、選《え》りすぐりの才能も集まり職人《アルチザン》玄人《プロ》が屋台骨を支え〝夢を創り出す工場《ファクトリー》〟である撮影所には多種多彩多様な宝石や原石のようにスターやスターレットが揃っていて眩ゆい光輝と活気を放ち。

映画が「産業」として滔々《とうとう》と機能し「文化」としても大衆いや皆の憧憬夢をかき立て世の中をリードしていた……

そういう土壌環境によって培われ育《はぐく》まれた〝威光と余韻と桁外れのもの〟が今も旭にはある。（それが消えてしまう人々も多いのだが）激しいアクションも（裕次郎と違い）ずうっと続けたし、鋳金《メッキ》でなく中身まで正真正銘の金貨《コイン》のように、「存在価値」と「使い途」のある〝最後にして本当の映画スター〟であり続ける――

宍戸錠や関係者も語っているが、「芝居も動きも並外れてこなす」なんていうのは旭しかいないのだから。（旭の静止画＝映画の一場面を撮った写真は、今にも動きだしそう。イヤ動いているような躍動感と臨場感があり……他にこんな人はいません）

育ちの良さそうな、好青年で無邪気だが、不良っぽくワイルド、身が軽く（軽やかで）躍動的、兎に角カッコ良くイカしている。

これが最初の（当初の）裕次郎だった。

そしてこれこそが、彼を「他と断然引き離していた」のだが「変質」「変形」「変節」（鋳型にはまり）すっかり動かなく（動けなく）なり正反対の側へ、「体制保守反動」の俗物と化し（企業ＰＲ映画で「ダムの親方」などやるようになり）牙を抜かれ、野性味も不良性も魅力の一滴もなくなり……あっさりステキじゃなくなった（イカサなくなった）裕次郎ばかりが、何故かバカに持ち上げられ続けているが、逆だろう。

「体技《アクション》・歌唱《ヴォイス》・演技《パフォーマンス》」どれをとっても破格・花丸・超一流、という旭ほどのスター俳優はいないのに。

「いつもロンリーだった」という本人の述懐も、つるまない（徒党を組まない）、集団による数を頼みとしないからで、それが男伊達＝男らしい男、というものだ。

旭は乗馬もギターもダイスも初めは出来なかったが「ゴマ化し」は大キライだから、持ち前の利かん気負けん気の強さでマスターしてしまう。

そういう「出来る自信」がやはりスクリーンでの威容（威風堂々）を支え、完全に我が物としていて「付け焼刃でない」本物の真実味がある。

「常にパーフェクトを求めようとする精神」「プロとしての自覚」「命がけでアクションをやる」アキラが全身で発光発散発熱している文字通り「体当たりの凄さ」が観客に伝わり〝熱狂的アキラファン〟を日本はおろか海外にも生んだ。（東南アジアで〝渡り鳥〟一本の収益が何と今の三十億円だったというのだから……）

旭（とルリ子）の人気は「列車を止めた」り「飛行機を遅らせた」りなぞ「朝飯前」。

〝渡り鳥シリーズ〟は全国津々浦々といってもいい大がかりなロケーションで、「祭りの再現」をわざわざ地元が協力し快く喜んでやってくれたりという特別級《スペシャル》の類のないもの。

大衆の熱気熱光線を浴び続けた「未曽有の体験」も彼らに抜きん出たものを与えていよう。（旭は一年に十三本映画を撮り二人は三百六十七日一緒の年も）

近頃「やんちゃ」という言葉がよく使われるが旭こそは子供の頃からそうとしかいいようがなく、長じて後もずっと今も、大抵はツマラナイ大人になってしまう人々の中では稀有貴重。

「東京の田舎」だった世田谷で生まれ、家から学校への道は「農道」。

畑や野原に多摩川の土手という自然環境が「天衣無縫の活発で腕白な子供」を更に一層〝自然児〟〝野生児〟に育む。（自ら『渡り鳥』の根っこ《ルーツ》という「身体能力の良さ高さ」をより高めた）

旭は日活に入る前の年に東映の試験を受けている。

が、最古の映画会社だが製作再開であちこちからスタッフを引き抜き、という〝新生〟に近い「のび盛りで試行錯誤をしている」日活だからこそスパーク＆ブレーク。

勿論何よりも本人の自覚精進尽力努力、そして色々様々な要因要素が重なり、大スターとなった――（彼曰《いわ》く〝いい車〟に乗りたい一心、その一念であったと）

ルリ子は歌手志望でレコード会社のオーディションを受けたが「見事にダ

メでした」

後に台詞入り『愛の化石』を出したり（裕次郎とデュエットしたりも）しているが。

旭との二重唱曲《デュエット》『いとしいとしというこころ』（阿久悠による作詞の）をちょっと耳にし目にもしたが………

二人には「もっとう〜〜んと！　惹きつけるもの」でないと。

それで終わらず（懲りずに）歌の方でも〝極めつけ〟のものを聴きたい。（私が作ってもヨゴザンス）

ずっと前ＴＶで愛川欽也（この人は所詮声優にして「華なきタレント未満」。

その彼がＴＶで映画でも主役をやるのに「何で!?」と思い続けていた）が司会する番組に旭と錠が出て来た時だった。

まあその「違い」たるや……愛川は常にも増して、小さく貧相貧弱この上もなくお粗末に見えてしまい――

片や旭も錠もホンマモノ（本物）にしかない並々ならぬ存在感と大きさがあって、全身からオーラを発散。（愛川が気の毒に思えた）

そういう圧倒的凄味は一朝一夕には決して身につかないし、今のこういう荒廃した荒涼たる荒んだ荒野のような現場にいくら出続けていたって無理だ。

もう一ついっておきたいのは、他の日活スターや俳優と違って、旭は最後の最後まで、日活がポルノに転じるまでは、義理堅く（恩を忘れず）「子飼い」として日活に留まり続け、蔭った斜陽の色濃い（暗中模索のもがくような）末期のダークでダーティな作品にも律義に（責任感強く）出続けたのだ。（宍

戸錠共々)

その後は東映にゆき(ゆかざるを得ず=錠もだ)、水と油で決してマッチしない似つかわしくない中でも(旭は天性の伸びやかさと哀愁憂愁を突き抜けたものがあるから)、彼ならではの取り組み方で他の連中とは違う味わいを(荒っぽく粗雑粗暴粗野で陰惨なる東映暴力映画《ヤクザモノ》にも真摯《しんし》に対応して)みせ、「さすが」、といわせてもいるのだが。

『修羅の伝説』(東映)の時だ、ビートたけしの「あんな様子」を初めて見たのは。

コノ人の暴力映画も酸鼻極まる。彼も「軍団」なんていわれる一族郎党一味を率い、食わせてもらっているから、撲り込み=「撲り込むんなら一人でゆけ!」と言った横山やすしに私も! と思った=にもくっついてゆく「手下」

「子分」共が「殿」なんておもねり迎合媚びすり寄りはいつくばりへつらうサマは何とも――今や外国映画祭トロフィーのアリガタミも加わって、こんな時代の半端な連中にも「たけしサン」、と仰ぎ崇まつられているが、勝新太郎対談集『泥水のみのみ浮き沈み』(文春文庫)でも、立川談志の前でも「貫目」が違う相手には「借りてきた猫」状態。

たまたま目にした二ショットの写真《スナップ》。

ドーン、と大物然として立つ旭の前に、すっかり萎縮し気圧《けお》され臆した「位負け」の図は眞に〝証拠写真〟。

明らかに(明からさまに)「人間として」(「役者いや芸能人として」)いやいや全てに「大きさの違い」がありありハッキリ歴然で。(写真は何と冷徹なものか)と驚いた。

だからこそ、旭は自分でもようくわかっているのだ。

「力を少な目（弱目）にして出さないと回りが（映画自体が）ぶっ飛んじゃう」ことほど左様に、どれもこれも、旭が全精力を傾け投入するには「小さ過ぎる」「薄っぺらい」「弱い」ものばっかりだから。

つまりジャイアント級の〝映画の巨人〟には、吹けば飛ぶよなエイガや出演者ばかりであって………

旭の存在が、そういうのを隠しようもなく、明らかに照らしだし、ハッキリ浮き彫りにしてしまう。そうしてそれは本物の「宿命」でもある。


「OH！　マイアイドル!!」

旭と対面したジャッキー・チェンがそう放ったように、日活映画が盛んに東南アジア諸国に輸出されていた時期、その人気たるや〝旭とルリ子〟は国賓待遇で向こうの熱狂ぶりも（日本以上に）凄まじく、驚愕する数々の逸話《エピソード》がある。

（随分と〝見本お手本《サンプルモデル》〟としてもまだペンペン草の生えているようだった「あちらの映画」事情にも有形無形に貢献し、将来未来の映画人をも育《はぐく》み育てたことであろう。〝香港アキラ〟というのが何人もいたそうだが）


ジョン・ウー監督が、ズリズリと入り口から膝まずいて（膝で歩いて）ゆき……〝スーパーアイドルアキラ〟に「恩、感激感謝、敬愛、尊敬」を露わにし（示し）たのは有名。

人《ジョン》一人の人生を変える（甦らせる）くらいの大いなる力を与えたのだから。

宍戸錠はどうしている？

第一期日活ニューフェイスで、二枚目だったのに豊頬手術なんかして（悪役が主《メイン》になり）、でも〝いいコンビ〟だったが早死にしてしまった赤木圭一郎《トニー》が死んでからは、もっぱら旭と絡み、互いを引き立たせ。

（やっぱり好敵手＝「いい敵役《ライヴァル》」というのは極めて重要で不可欠）

と二人がガッチリ組んだ作品を観るとよおくわかる。（007、市川雷蔵『眠狂四郎』、勝新『座頭市』、『パイレーツ　オブ　カリヴィアン』、『シャーロック・ホームズ』のモリアーティ、なべてそう）

今の旭には「実力伯仲」「相手に不足はない」「両雄並び立つ（立てる）」、好一対の（ヒロイン同様）仇役も好敵手もいない（存在しない）のだ。

〝エースの錠〟よ、何とか甦って出て来て！

コネリー最後の007復帰作は『サンダーボール作戦』の焼き直《リメーク》しだ。だが両作とも「ボンドに拮抗対抗するエミリオ・ラルゴ」を演じた二人の男優がそれぞれ遜色なく、ボンドにも引けを取らずに対峙。作品の質と濃さと緊迫感をグンと高め。（俳優も、極上の人々は偉大であるとしみじみ思わせる）

さて――

今の日本で期待できる、頼りになる、映画を知り尽くしている「本当の映画監督（映画人）」がどうしても見出せないとなると……

いっそのこと旭は雄飛するようにハリウッド、中国、韓国の映画に出演してはどうだろう。（『男たちの挽歌』で旭を摸したチョウ・ユンファがそうだが）今や、邦画を凌いでいる中韓、そしてやはり本場のハリウッド。『英雄《ヒーロー》』のチャン・イーモウ監督などが浮かぶ。

それも「方法の一つ」。（外国のお墨付きに弱い日本だし）

我慢して駄目な日本映画の「いうことをきく気にもなれない若手カントクの作」に妥協し無理して出るより寧《むし》ろいいのではないか。

勿論、監督も作品も充分に注意深く選んで。でないと、三船敏郎が『レッドサン』でアラン・ドロンやチャールズ・ブロンソンと役者は揃っていたが全然よくなかったのや、スピルバーグ（私はこの人を買わないのだ全く！『ジョーズ』なんて悪趣味極まりない物を作る神経も我慢ならないし）の、やはりミフネが出た『１９４１』（そのヒドさに私は初めて映画を途中退席。以来スピルバーグは〝鬼門〟で『ET』も宇宙人が醜悪過《グロテスク》ぎる）みたいなことにならぬよう、う〜んと吟味して。

いや、外国の優れた監督を招いて、日本で作る。その方がいいかも知れない。先ずは「いいプロデューサーありき」だが。（それが問題ね）

旭が血気盛んな頃、ハリウッドに進出するのを日活に阻まれたのは返す返すも口惜しい。

裕次郎が錐揉み状態で失墜してからは、旭一人が日活の金看板を背負い、稼ぎ頭だった丁度その頃、ハリウッドから招かれ渡米。

万事に桁外れな映画の本場とスター連、ショーマンシップ横溢《おういつ》の芸達者な連中にも接するのだが。（シナトラ達と毎晩一緒に豪遊はスケールが違う）

向こうは本気で本腰を入れて「日本のスターを迎え（売ろうとし）具体的条件を呈示。

「三年間、身柄を預けろ」

その魅力的な申し出に旭は当然心が動いて契約しようと思い、日活に一応報告。

と、関係者が泡を食らって（恐慌をきたし）大慌てで素っ飛んで来て大反対！

「裁判だ何だ」と脅されたりし、旭は結局諦めざるを得なくなり――

〝千載一遇の機会《チャンス》〟を潰されてしまう。

コミカル過ぎる活劇《ドタバタ》（あの程度）でアメリカ進出のジャッキー・チェンが次々と出ているのを見るにつけても（帝国ホテル料理長の村上信夫が「念願の自分の店」を持とうとしたら、会社にやはり大反対され、「重役にするから」

と思い留まされたのも思い出すが)、旭ならば卓越卓抜傑出し抜きん出た実力・怖いもの知らずの体当たりアクション・クールで涼し気な面差し眼差し・飛び抜けた天性のカンの良さで、ハリウッド及び世界的市場《マーケット》でも〝東洋《アジア》の星《スター》〟となり、映画界の地図をも塗り替えたであろう。

そしてその後の人生航路も随分相当大きくいや全く全然変わって違っていたものを。

美空ひばりとの、首に綱《つな》をつけられたような〝無理強《じ》い結婚〟もありえなかった。

ルリ子も海外へ、という野心野望や欲もあったのではないか。父がルリ子を香港の映画関係者に引き合わせている写真を見たことがあるが(何でも時機《タイミング》だ)、まだまだその時分、香港映画はカンフー以前の実に稚拙な時代であった。

『個人教授』で人気となったルノー・ヴェルレイと『愛ふたたび』で共演したり、

『栄光への5000キロ』では、ジャン・クロード・ドルオーから熱烈に口説かれたというが。

　結局ボンドガールは東宝勢（クレジットタイトルでもわかる通りメインは若林映子《あきこ》・二番手《セカンド》が浜美枝で「二人の役柄交換」も伝えられたが、男優はその後すっかり「国際俳優的」になった丹波哲郎）が占めたのだが、007が日本ロケの際には色んな女優が候補に上がり（海女でチョイ役ほんの数秒映《うつ》るだけの松岡きっこですらオーディションがあったと。完璧《パーフェクト》最高峰の007なら当然のことだが）、日活からはモダーンな風貌のルリ子の名前も取沙汰された。

　007の威光は大きく、旭の自主製作映画『赤道を駆ける男』（旭一〇〇本記念作品）には丹波と若林を起用しているし、日活には無惨な作品（『嵐の勇者たち』）だが、浜美枝が特別出演の趣きで客演したりしている。

「美的」には若林も浜も007の時がいちばん最も美しく綺麗……かも知れない。(然し、何で日本人というと必ず前髪《バング》を下げさせるのかね? 日本人形からの連想か? ピエール・カルダンのモデルとなった松本弘子も更に山本寛斎御用達となった山口小夜子も或る時期からブッツンと切ったオカッパスタイルにしている。岸恵子も渡仏してからで。幼く? つまり若く、可愛らしく東洋的に見えると信じているのか、どうもそうらしいが。今の猫も杓子も男も女も老いも若きも鬱陶しいばかりに前髪垂らして額を全く覆い隠している「前髪命」の面々には何ともゲッソリ。「まだ上げ初《そ》めし前髪の」の通りそれは子供髪で、大人ならクッキリスッキリ髪を上げ、富士額でもそうでなくともオデコを出すのが正統だというのに。ムロン司馬遼太郎や安藤忠雄等々のように、どうやら絶対に! 前髪を下げたい男陣やバーサンもいるが)

本当の美女・眞の美人は額を出して大丈夫というか出すべきなんで。(シャネルのモデルオーディションは必ずあのひっつめ《シニヨン》まとめ髪だと前に訊いた）とまれ、オードリー・ヘップバーンも浅丘ルリ子も「前髪」に頼らなくてもいいんで（長い短かい《ロングショート》どっちも似合うし）、ヘップバーン同様ルリ子も映画の中で千変万化とばかり、様々な髪型《ヘアスタイル》をしていて、『危《ヤバ》いことなら銭になる』ではショートのカツラがこれまたよく似合うし役柄にピッ！タリ。（日活娘《ガール》はキュッと上げたポニーテイルもお馴染みで、これとても実に勇ましく凛々しく可愛らしい）

『若くて、悪くて、凄いこいつら』の清水まゆみや和泉雅子、『光る海』の吉永小百合、白木万里や中原早苗もロングロングの髪をキュッと結わえたり結っていたっけ。

そう、北原三枝は絶対長い方が、芦川いづみは断然短い方が、と人によりベストの髪型がある女優もいるけれど、ルリ子はショート・ボブ・ロングどれでもOK何でもゴザレで曰《いわ》ば〝カメレオンのように〟変化変身変態変貌変質する感じ。

海外の男優で作品役柄によって髪・眉・ヒゲ（の有無）を決めると語っているのがいたが。（市川雷蔵も『平家物語』で若き清盛に扮する際、完全主義の厳しい溝口健二監督から「違います」となかなかOKがでず……遂に「毛虫の如きぶっとい眉毛」にしたらやっと頷いてもらったと。吉永も初の他社出演『幕末』（東宝）で錦兄《キンニイ》＝中村錦之助の恋女房おりょうを演《や》った時に「駄目です」、伊藤大輔監督から何回やっても着物の着方にNG！が出て、途方に暮れ「どうしたらいいんでしょうね」と衣装係共々困り果て……最後にグズグズに崩して着たらばヨシ！が出たと）

「キビシイ監督さんでいうと中平監督と伊藤カントク」と小百合はその名を。闊達な錦之助はベソをかきそうな吉永に「気にしない気にしない！　あの監督は誰にでもああなんだよっ」と慰さめ励ましたというが。

撮影が終わったら伊藤監督が「よく頑張りました」とロケ先の竜胆《りんどう》の花を押し花にしたものを吉永にくれたそうだ。

髪は確かに俳優タレントだけでなく一般人、誰にでも重要な額縁でその人間の印象《イメージ》を一新したり決定づけ本人当人の気分も（着る物や靴という衣装小道具以上に）ガラリと変える。M《マリリン》M《モンロー》　B《ブリジット》B《バルドー》ミナ「自分のそれ」があるものだし。「パリでは、女は髪型がいちばん重要なの」とブラームスが効果的に流れるルイ・マル監督『恋人たち』の中でジャンヌ・モローの台詞に私は深あく頷いたものだ。

とまれラピュタ阿佐ヶ谷で上映後拍手が起きたという『危いことなら銭になる』は素晴らしくいいので。

コミカル&スピーディな極上一級娯楽《エンタテインメント》作品。

その中でルリ子は「柔道何段、合気道何段」の勇ましい〝紅一点（女エノケンこと武智豊子も左卜全《ひだりぼくぜん》と夫婦役で「いい味」を出しているが）〟の眞にあれこそ稼け役。「スネた表情も可愛らしい。中平作品で見せるルリ子の可愛さは特筆級」と誰かも書いていたが。

（もうコレはルリ子しかいない！）

と思わせる好演適役ぶりが、何とも実にキュート&コケティッシュ&チャーミング！

（吉永が『キューポラのある街』をベストワンとするように、ルリ子も『憎いあンちくしょう』を自らの最高峰と信じているようだが）

私にとっては妙に力の入った深刻な芸術的なのよりか、テンポ良く軽快軽妙キビキビテキパキあれよあれよの流れるような快作、こういうスクリューボウルコメディの方がずっと好きで好ましく。(マリリン・モンローも『お熱いのがお好き』がいちばん最も魅力的。女優とは、美しい女優とはそういうもの)ああいうの(アレ)こそもっともっと評価されて然るべき! と思い続けているのだ。

美女こそコメディエンヌに相応しい。

という生きた(生き生きした)好例最高例。

男優でもそれはいえることで。

「三枚目が三の線を演っても何の面白味もない。雷ちゃんみたいな二枚目が三枚目を演じるからこそ、そこに妙味が生まれ、可愛さが出ていいのであって」

と、大映関係者が市川雷蔵のことを語っているのに私は膝を打って頷いた。

（逆だが、研ナオコがかなしいさびしい歌を唄うと奥行き味わいが深まっていい……というのと似たような効果効用かも知れない。巾が深味が出る）旭は、真面目からC調まで楽々とやれるから、ジョニー・デップの船長《キャプテン》ジャック・スパロウみたいなものも充分こなせるだろうし。

歌唱の方では存分にそれを発揮――『自動車ショー歌』『恋の山手線』その他、摩訶不思議な「変わった」歌で縦横無尽に独自性を披露。（他に誰があいうのを洒脱に唄いこなせるか？　誰もいやしない）

あの抜きん出た（誰もが「エッ」と思う）高音の（独特な）天性の声音は他の追随を許さず眞に独壇場。

「アキラは唄が巧いなあ〜」

と父がしみじみ感心していたのが今も残る……

(天然記念物・無形文化財・人間国宝・世界遺産に指定したいくらい)

宍戸錠も『ダイナマイトが百五十屯』で初めて「旭の歌声」を聴いた時は、「どうしちゃったんだコノ子は!?」と呆気にとられたという。

「寝ても覚めてもアキラだった」という三上寛が「アキラアキラアキラアキラ〜〜!!」とギターをかき鳴らし絶叫しているのを視聴したことがあるが、男に(も)強力に強烈に好かれる「アンちゃんぶり」

加山雄三が、サプリメントの広告《CM》で、ギターを弾きつつ、唄い出回っている。

現役で而《しか》も〝青春〟をいまだに背負い(「永遠の若大将」でいなければならない)、今や〝老年の希望の星(頼みの綱)〟か。

「青春isフォーエヴァ」と恰《あたか》も伝道師。
青春とは年齢ではなく心の持ち方をいう――
という、あの詩の通りに実践者として。

確かに彼は、逆境・困難・試練を幾度も乗り越えてきている。(倒産・借金・大怪我)
同じようなことは旭も。
いやもっとだ。大借金の桁が違うし。(それでヤクザに「人質」にされ「命の危険」というギリギリの場面も)
それに文字通り「九死に一生」の臨死体験。
『黒い賭博師《ギャンブラー》『黒い賭博師《ギャンブラー》 悪魔の左手』(二作共父・康が監督)は「今にし

て改めて」のファンも多く、ジャッキー・チェンも熱狂し「ああいうのを作りたい」と旭に語ったそうだが。

過去『渡り鳥』シリーズでもサイコロを巧みに扱い、「ダイス五個を縦一直線にして立たせる!!という奇跡のワザを本番で見事に決めている。

そんな旭だからこそ、ああいう荒唐無稽なスーパーヒーロー=常人離れしたギャンブラー役は相応しく、あの遊びと面白味も（他の男優がやったら板につかず決まらず見ていられないだろうが）旭は誂《あつら》えたようにピッタリとスマートにこなして、あんまり自然だからスンナリと見せてしまうが実は物凄いことをやっているのだ。

と旭のスゴさも今にして。

その最初の『黒い賭博師』のときだ。

旭が死んでも不思議ではなかった大事故《アクシデント》は。

これはスタントマンに「危険な場面」を一任する俳優ならありえなかったこと。
「身体を張って」徹底して自分がやり抜く旭だからこその危機にして、彼の「超人的運動神経と能力」(何しろその頃は「東京タワーの天辺でもぶら下がれた」という気魄と自信)、つまり〝人並み外れた小林旭の全て〟が彼を救ったのであり、旭でなければ間違いなく死んでいた。(首の骨を折って)
この頃とても綺麗だった富士眞奈美と追手から逃げ、トランポリンに飛び降り飛び移り跳躍《ジャンピング》という景。
入念なテストを何回も繰り返し何も問題はない、その筈だったのが。(リハー

サルは一人でやっていたから）
彼女役の人形といざ本番に臨んだらまるで違い（人形の三〇キロという重さも加わり）、異常な勢い《バウンド》で旭は空中宙空にハネ飛ばされ放り出されてしまう。
そうして予定された「着地地点」を遥かに超え、真っ逆様に墜落転落――真にその瞬間その刹那、両親と弟の顔が泛《うか》んだという。（「あ〜〜〜ッ!!」という顔したセピア調の）
時間にしたら物の数秒。その間に旭が懸命に必死に咄嗟《とっさ》に試みた〝危険危機回避〟。
――空中を泳いで――衝突しそうだった地上の人影を慌てて払いのけ――
それでバランスを大きく崩しながらも「知らず前方回転宙返りしながら柔道の受け身で墜ちた」、

という〝最大限の防御〟をし、〝最小限の損傷《ダメージ》〟で済んだ――

その〝神技〟ともいえる〝天才的な（生死を分けた）人間離れした行動〟

それは少年期に柔道など武道を色々とやっていた旭にしてこそである。

それにしても、いくら、どんなに賞賛礼賛しても、し足りない。

そして更に「その後」がある。


スタッフが青くなってバラバラと駆けつけ素っ飛んできた中、

「大丈夫だ」、と旭は起きて、病院へも行かず帰宅。

だが夕食の段、ゴーゴーと凄まじいイビキをかき出し、昏睡状態。

何と三十五日間。（ジェームズ・ボンドもそういった命からがらの挙句コンコンと病院のベッドで眠り続けるのがあったが）

その最中だ、「死の淵からUターンした」人々が語っているような光景を旭が味わったのは。

寒くて寒くて堪《たま》らない……雲がどんどんどんどん流れてゆき……その雲が入り込んでいる黄色い穴がポッカリと見えてきて……

あまりの寒さに、暖かそうなその穴に入ろうもう入ってしまおう、と足を踏み入れようとしたその刻《とき》だ、

「小林さ〜ん」という声が。

(どこだ?)、とキョロキョロしたら、何人もの見知らぬ顔が覗き込んでいて、

「目が開きました！　気がつかれました！」

間一髪、紙一重という「生還」「生き返り」であったのだ。

何十年経った今でも、

「旭！　よく助かりましたね〜〜」

両手を握って、心の底からねぎらいたい――

感嘆驚嘆しつつ「今日《こんにち》生きてくれている」その有り難さに感謝しつつ。

（旭が死んでいたならば、父も随分と寝覚めが悪く、応え、やり切れなかったであろう）

「小林旭ってスーパーマンに近い」

と思ってしまう。兎に角常人ではない。

子供の頃ＴＶで見ていた〝スーパーマン〟ピストル自殺〟の記事は衝撃的だったし、映画『スーパーマン』初代クリストファー・リーヴは落馬し植物状態と報じられたが。（二〇〇四年死亡）

旭の場合は「無事これ名馬」となったのだ。

ついこの間（認知症といわれた）朝丘雪路を、鼻に酸素吸入の管を入れ（或る時からひどく老け込んだ）津川雅彦が「全て感謝」と見送っていた……と思ったら、時を置かず津川も死んだ。

その訃報に「少年期から映画出演していたが、初主演は『狂った果実』」と字幕が出て、もう一つ、〝旭と父・康の因縁〟というか特筆すべき事柄が思い浮かぶ。

父はあの弟役にかねてより目をつけていた旭を起用するつもりだったのだ。

「会社の事情（長門裕之と津川の父親は沢村国太郎で而《しか》も日活重役）」で、「今回は残念ながらお前さん（旭）を使えないが、この次は必ず使うから待っていてくれ」

そう彼にいって約束を果たしたのが『殺したのは誰だ』。（旭は学生帽で出演）

配役というのも二転三転したりするもので、

裕次郎は悪役である兄より弟役を希望し、兄役は三国連太郎が予定されていた話もあったようだが。

「太陽族に扮した」というより「己れのまんま」であった裕次郎はまるで芝居を感じさせず、津川の方は拙《つたな》い感じがする。（格別脚の長い裕次郎と並ぶと余計に日本的な脚の不恰好さや短さも目立って）

然し後半、兄と恋人に裏切られ、復讐の鬼＝怨念執念につき動かされ、憎悪に燃えたぎる追跡者となってからは、初心《ウブ》な少年の面差し顔立ちが一変――凄味を帯びた怖ろしい形相となって、不動明王の如き憤怒がノミで削ったかのように凄まじいばかり。ギラギラした眼光と表情は正に「顔中で演技していた」。（何度見ても驚かされる変化変貌）

だが、旭だったら「また違う凄さ」を見せてくれて「違った作品」になっていたであろう。

（「確かな芝居」の旭は、ターザンみたいに自宅近くの等々力《とどろき》渓谷で遊んでいた時分に児童劇団に入り、演技のイロハＡＢＣノウハウを幼少期から自然と叩き込まれている。浜田光夫もそうで、いわば「子役出身」。日活入社後も三カ月間新劇にゆかされ研修研鑽が当時の決まり慣例）

「旭で観てみたかったなあ……」とそれも心が残る「大いなる出来事」の一つ。

旭をスーパーマンにたとえたが、それよりもダークな蔭りもある陰影深いバットマンの方が（そういう役こそ）彼が演じるに値するものかもしれない。哀愁が旭の重要な味わい持ち味でもあるから。

そんな旭が「唯一人、ライヴァルだと脅威を感じた」のは、あまりにも呆気なく「これから」という時に早死に若死にしてしまった、旭とは違う憂愁のあった赤木圭一郎《トニー》。

誰かが「ゴキゲン伺い」に持ち込んだゴーカートを、『激流に生きる男』の

撮影中、休憩時間に試乗したときのこと。（ゴーカートは通常の車とアクセル・ブレーキが逆であり、鉄扉に激突）

真に登り坂の途中途上であって（『鉄火場の風』では裕次郎を軽く凌駕する勢いを感じさせた）甘いマスクの日本人じゃないみたいなハンサムボーイ。

第四期ニューフェイスで〝期待の星〟だった。

「彼が生きていたら日活も駄目にならず、自分は早いとこ俳優に見切りをつけ違うことをしていたかも」（彼が生きていたら人気ナンバーワンの座は自分じゃなく、ひばりとの対談も、つまりは結婚もなかった）

と旭は最大級の賛辞を送っていて（同じことは「市川雷蔵が生きていれば大映は潰れなかった」と関係者が）確かに〝スター俳優一人の力〟というのはそういう偉大さ物凄さがあるのだ。

本当に惜しんでも余りある早世だった。

（でも旭は旭で、誰も真似の出来ない個性特色、命知らずのアクションなどがあるのだから「立て役者」であり続け、日活は〝充実の布陣と陣容〟でいけたであろうに）


『バットマン』のマイケル・キートンは、容貌こそ変わりはしたが、精力的に色々な作品（色んな役柄）を演っていて『バードマン　あるいは』（アカデミー賞作品賞）のような作品も生むハリウッドの度量の広さと大きさ――

これはやはりアメリカならではであろうが。

アカデミー賞にしても見せ物《ショー》として人々を楽しませるサーヴィス趣向仕掛けがあり「やっぱりショービジネス、ショーマンシップの国」と思わせる舞台《ステージ》になっている。（近年の「家族に感謝感謝」という誰も彼もが一様にの

挨拶《スピーチ》は鬱陶しいけど）

日本アカデミー賞なんて涙が出そう……

「本場のマネ」にすらなっていない。

「揃っていない（達していない）作品」。礼服《タキシード》や盛装《ドレス》という「晴れの場」がまるで似合わぬ面々。（旭とルリ子なら赤絨毯《レッドカーペット》やドレスアップもよく似合うが）

「馬子にも衣裳」といったって、衣や飾りや持ち物は中身と呼応してこそなんで、合わないそぐわない「その人品に相応しくない物」は逆にその不似合い釣り合わぬチグハグぶりで内容がないのを露呈してしまう。

東京映画祭、なんていうのも同じくで（会場も六本木ヒルズというさみしき虚ろな「バベルの塔」）、いっくら海外の俳優を呼び寄せ高級感を演出し〝箔〟をつけようとしたって無理だ。

第3章

日本映画を葬ろうとするのは誰？

（写真提供：東京スポーツ）

美女は子供の頃から美少女。

『緑はるかに』（北条誠原作）のオーデション時には、作品の挿絵を描いていた中原淳一が決めていたようだ「ルリ子役にはこの子しかいない！」

最終選考では彼自らルリ子の長い髪にハサミを入れ、目にサラサラッと目張り《アイライン》。

「垂れ目だった私の目がキラキラと輝き始めた」と本人が驚く、カメラテスト直前の大加勢。

「それほどまでに絵の主人公に似ていたせいだろう」と語るルリ子のデザイナーは、その中原の弟子である芦田淳。

「中原淳一先生」と呼ぶ彼の他に、ルリ子が「先生」と呼ぶのは水の江瀧子。松竹歌劇団第一期生で空前絶後の（宝塚を遥かに凌ぐ）男役（「男装の麗人」の異名）として一世を風靡した彼女《ターキー》は、日活プロデューサーとして迎えられていたが、その審査会場にも。

「そこに先生がいらした」、と一九九三年二月十九日に行われた〝ターキー生前葬〟でルリ子はスピーチ。ジュエリー作家でもあったターキー手作り指環が抽選で当たり「嬉しい!!」と大喜びしていた——

美女や美少女はキリッと凛々しいものであって、旭との『銀座旋風児《マイトガイ》』でボーイッシュな男装が実によく似合うルリ子の「それ風な役（扮装）」も、もっと見てみたい。

（川島芳子とかマタ・ハリみたいなのもいいかも知れない）

（ジュディ・デンチの「M」＝ボンドの上司的な役柄もよさそうだし）

（『ジャンヌ・モローの思春期』でシモーヌ・シニョレが演じた「変わらぬ崇拝者のいる祖母」など理想的）

日活撮影所に近いルリ子の大きな家は、まるで合宿所のように大勢の日活青春スターが食事をしに来て入り浸っていたそうだが（自ら「サバサバとした姉御肌」）面倒見もいいから鉄火肌の『グロリア』（ジーナ・ローランス主演）みたいなのも向いていよう。

だが「キツイ一方」ではなく「ふんわりとやわらいだソフトな女性」もやって欲しく、その為にはもうちょっとふっくらして欲しい。（と「寅次郎映画」での細過ぎるズボン姿に）

考えてみると旭もルリ子も揃って「生え抜きの日活」という点も共通。

ニューフェイス試験（昭和三十年）で日活入社の旭。

凄まじい辛酸を味わった三年もの苦闘の大部屋時代を経て、鋭く憂いのある瞳の少年が『絶唱』で数々多々全ての新人賞を受けて認められ、繊細な青年から影のある謎めいた流れ者&ウルトラスーパーヒーローへと。

ルリ子は『緑はるかに』の公募に友人から借りたセーラー服にお下げで赴き、後に有名になる榊ひろみ、桑野みゆき、山東昭子らを斥《しりぞ》けて選ばれ。

少女から順調に娘役そして大人の女性へと育てられ。（「あんまりイヤな思いはしなかった」とルリ子は旭と違って）

二人は日活の歴史や映画の変遷と共に歩んできている。

ルリ子はトニー（赤木圭一郎）の相手役もしていてなかなかいいし誰とでも組めるのだが、何といっても最高にいいのは旭とで互いに相手をより高め輝かせる。触媒というか化学反応の如きに。

旭はルリ子を一層女らしくし、ルリ子は旭を更に男らしく、という相乗効果相乗作用。

〝二人のスチール写真〟は本当に惚れ惚れする「決まり方」で、それは近年の映画には絶えて久しくないもの。

カメラマン（山崎善弘他）やスチールマン（斉藤耕一他）も優秀だった。

松竹からターキーと父に招かれ『月曜日のユカ』に主演した加賀まりこも、「以前はダンディなスタッフがいたわよね（山崎さんとか）。頭の中も」という名言名台詞を口にしている。

前にどこかの監督が、

「昔のように完璧な映画を作りたいんだ」

と語っていて、スターに名優、老練なスタッフ、いい脚本《シナリオ》を得た腕の良い監督によって生まれた〝そびゆる名峰〟の如き「忘れじの名画」が彼の中にもどっしりとあるのだ……

と思ったが、私も幾久しくそういう映画、特に邦画を観ていない――

格別の作品でなくとも、且ての量産作品群《プログラムピクチュア》の中には「感じのいい、気分がいい、観てよかった」と思える物が結構あった。

例えば「吉永物」でも大上段に構えた「北の」三部作とかいって、時代背景・

出来事・歴史であれやこれや訴えかけようとしても「映画観」の面白さ心地良さ愉しさ皆無絶無でただ重苦しくシンドく「感動の押しつけ」だったが、吉永が別人のようだった『明日は咲こう花咲こう』『風と樹と空と』『青春のお通り』等の肩に力の入らぬ軽やかな方が圧倒的断然遥かに「映画」であった――

日活映画に憧れ『あいつと私』(父が監督の裕次郎スキー骨折復帰第一作で大ヒット)を偏愛、丸の内日活など盛り場の日活直営館に行く時にはお洒落(盛装)して観たものだ……という伊藤輝夫。

「TV局が絡んだのは映画じゃないな」

T《テリー》伊藤のこれはけだし卓見その通り。

だが近年はそればっかり。（或いは「何とか製作委員会」なんていうのが必ずで）

最後にズラズラダラダラいつまでも夥《おびただ》しい字幕が出続けるのにも閉口。

よほどの物量的巨編以外のものにはおかしいし、相当の大作でも以前はこんなじゃなかった。

TV局が入り込んだ「TV的エセ映画」をいくら作ったって、「映画の本当の復権」にはなりえない。

「餅は餅屋」でやはり映画会社自体が企業として本格的に復活復興復調しないことには——

逆に中韓などはドラマも（下らないのも多いが秀作良作も）だが映画は日本をすっかり凌駕した力のつけ方と実力で、完全に逆転してしまった。（韓国

などは国が随分支援しているという）
何年か前、久々に映画館に行った私はさて入ろうとしたら「予《あらかじ》め席を予約」、という考えられない事態に呆れ怒り憤りを覚えた（ビールとポップコーンの盆《トレイ》まで取り上げられたのである）。整理券を持った人々が列を作っているのに
「!?」
映画というものは（映画観とは）ふっとその気になったらふらっと（看板や何かに魅かれ）映画館に入り（コーラや音のしないアイスモナカやサンドウィッチやポップコーンを頬張り目はスクリーンに釘づけで）、一日中いたって構わない（昔は何回も観続ける観客がいた）という懐の広い大らかでか寛《くつろ》ぎ安らぐ愉しみな憩いと和みの場所だった。
だからこそ、より多くの観客が吸い寄せられもし――

岩波ホールみたいな固い（固苦しい）まるで「勉強の場」みたいな禁欲《ストイック》窮屈教条主義的《タイトアカデミック》な所は別として、一般映画（館）がそんなやり方《システム》をとったら（何という鬱陶しい束縛）更に観客減少を招く。

〝娯楽〟はもっと鷹揚《おうよう》で融通のきくものでなければならないのに！

一体誰がそんな姑息なことを考えたのか⁉


自衛隊や武器軍事なんていう方面に（「防衛」という名のもとに）際限のない果てしない〝武装〟を続ける日本。そんな所詮は「怖気を振るう殺し合い関連」に多大莫大な費用を投じたり（国民の税金を増やし費やし負担させせ）〝アメリカの子分〟となって「死の商人」や重工業系（軍需）を肥え太らせ肥大させ肩に力の入った険しく殺伐たる世にする愚・愚かさ——

何で「忌まわしい過去」から学習しないのか。（原爆を二度も落とされ、沖

縄にいまだ「日本の負」を押しつけ引き受けさせ続け「基地だらけ」だというのに）

「景色のいい男性が好き」という二枚目好みのひばり。彼女の専属楽団みたいだった小野満とスイングビーバーズの指揮者《マスター》小野満も、子役に毛が生えた当時熱を上げた鶴田浩二も、後年「自分が一緒になればよかった……」と申し訳なかった旨を口にした、ＮＨＫ大河ドラマ『赤穂浪士』の堀田隼人役で人気となった林与一も皆、甘いマスクであって、（因《ちな》みに浜田光夫が「スターに必要なのは甘さと色気」と述べていて成る程……と）そして、旭を気に入ったのだ。

可ならざること無し、という（何せ「後ろ盾」後見人にヤクザの大親分（山口組三代目組長・田岡一雄もついているし）ひばりが〝我が世の春〟を謳歌享受していて「好きになったら結婚！」しかない——と思ったのだろうが。

恋は（愛は）恋愛は単身、一人（独り）でぶつかるべき。いくら彼女が「稀に見る歌手」であったとしてもソレはソレ、恋は恋（と眠狂四郎も）。そうして両手の十本指に金キラ指環を嵌《は》めていたひばりの母はいちばんのひばりファンでプロデューサーでもあった凄腕母親《ママ》、その加藤喜美枝の「息のかかった芸能記者」によっても「誘い水」をかけられ「仕組まれ」スクープ!!記事が先行し追い込むというのはやっぱりおかしい。

そうしてひばり側（母娘）意向の代理人としてまたもや田岡から今度は「別れろ」だ（これも本人がいうべきであろうに）。「本当に災難でしたねえ」と旭にいいたい。

その直後、結婚時同様に再び非難《バッシング》が始まりかけ、旭は日本を脱出、飛び出してしまう。（一年近くの「海外放浪」。大方の日本人にとって外国旅行は「夢」の時代）

誰も自分を知る人のいない異国で行き当たりバッタリ。色んなところにゆき色～んな思いをし、何でも一人でやった破天荒尽くしの逃避行も旭を更にグンと大きくしたであろう。

大概の人間ならば自殺か殺されるか潰されてしまう「気の遠くなるような大借金」

それにたった一人で立ち向かったことも。

もうどうにもならない――という差し迫った切羽詰まったギリギリの時「手形を銀行に持ち込まないよう」（そうしたら旭の会社は倒産だから）頼みに関係者の自宅へ。

居留守を使われたが、翌朝「手形を換金しに銀行へ行かぬよう」厳寒の戸外に（薄いレインコートで）一晩中朝までその家の前にジッと立って待っていた。
凍《い》てつく寒さに歯の根も合わず寒気で感覚を失いかけ立ち尽くし…………ちょっと足を動かしたらパリパリっ、靴の中の湿気が外に流れ地面のアスファルトとの間で凍りついて、靴の裏に氷が張りついていた——という「お話」みたいな凄まじいばかりの壮絶さ。

そんなこんなの、どれ一つとったって尋常ではない苛烈な全てが、小林旭を〝仁王の如く〟、桁外れ桁の違う人間・男にしたわけだが、それにしても、よくぞ艱難辛苦《かんなんしんく》の雨霞を通過し、損なわれずおかしくならずにきたものだ……と感心感嘆す。

宍戸錠曰く「裕次郎でさえグチを俺にいったが、旭は一度もいった事がない。そういう〝男らしい男〟なんだよ」

「役者バカ」自認の旭だが「映画作り」に関しても一家言《いっかげん》持っているし、日活がダメになった原因理由を明快に分析。

ロマンポルノを「最悪中の最悪のエロ映画」とするのも（いくら「一部に評価する」ムキがあろうと）結局その通り。

日活は自社の実績歴史に「天に唾する」「泥を塗る」所業をした。

それは日活俳優スタッフばかりか、ファンにもどんなに「裏切り幻滅失望ショック」を与え（冷水いや氷水を浴びせ）ひいては邦画一般の価値をも引き下げたことであろう。且つては日活スターの肖像写真が掲げられた部屋にロマンポルノのポスターがベタベタ貼られ、ルリ子小百合に夏純子が『戦争と人間』の記者会見をしている写真に（何とまあ…）と私は。

〝輝ける日活〟にした「最大のスター」「第一人者」といってもいいアキラ。（「裕次郎ブームは一過性、一種の流行病でいつか廃《すた》れる。その前に誰かを育て次に備えろ」という日活の思惑で「子飼いの小林旭を出がらしになるまで使え」と、当初の旭作品はやっつけ仕事ばかり。裕次郎作品のつなぎ役だった）

旭こそは殊更さぞかし無念でいちばん口惜しかった筈。（一期生で日活に思いひとしおの宍戸錠も）

下降し始めてからはデタラメの連続で沈下低迷に拍車をかけ続けた。ピンキー&《と》キラーズを出し延々と唄場面を映したり、蔭った裕次郎が（西野バレエ団が華やかだった時分）由美かおるを引っ張り出してみたり、ジャニーズと共演したり。

眼の負傷による浜田光夫がようやく出て来た時の復帰作『君は恋人』（題名からして×《ダメ》）にオールスターを「友情出演」させたりしたが内容がお話にならなかったり。

『嵐の中の勇者たち』（これも題名でわかる愚駄作）に裕次郎や小百合ら（旭とルリ子は出ていない）で「耳目をひきつけようと」したって逆効果。

下手な考え休むに似たりの典型。

「北島三郎」を（〝兄弟仁義〟がヒットしていたからと）三拝九拝で引っ張り出して歌謡映画を作ったりしなくても（私はそれに東京ぼん太を加えたい＝「旭映画」を台無しにするミスキャスト愚劣さだった）よかった筈だと旭は述べているが全くそう。企画も何もかも目茶苦茶。

それらは（そんな「小細工」をするのは）如何《いか》に「日活の上（上層部）」が

（人が入れ変わっていて）どうしようもなくなっていたかの証明だが。

（東映より早かったというが、旭と錠を角刈りにさせドスを持たせて荒々しい凶々《まがまが》しい東映的任侠《ヤクザ》物をやらせてみたり、「その他のヒド過ぎる作品」連発はもう〝悪夢〟）


「映画が斜陽」といったってその流れを食い止め、我慢して「来る時を待つ」という手はいくらもあった、と旭。

そう、一国一分野一企業一個人、何でも何だって（誰にでもどんな人にも）有為転変浮き沈み栄枯盛衰はあるのだから「そういう時」如何にジタバタせず「どう過ごすか」であろう。

「急ぐとロクなことがない」「目先のことばかりに気をとられ、物事を長い目で見ることができないと、必ずシッペ返しがくる」

と旭が語るように、とどのつまり「あんな悲惨な転落」は実は防げ、食い止められた「人災」だったのだ。

日本よりずっと早く「映画の斜陽」を迎えていたアメリカは、だが「日本という七割も担ってくれる頼れる市場《マーケット》（「政治」と同《おんな》じだ）があり救われた——

日本だって東南アジア《オリエンタル》マーケットが三割で、七割は国内だったが、それでも充分やっていけたのを、「米国《アメリカ》の進出により扇動されやすい日本人」（敗戦後の〝鬼畜米英〟が、一挙に百八〇度も変わり「ギヴ　ミー　チューインガム！」、オンリーやパンパン等々も）

ホント！「そういう国民性」だと常々、事ある毎に私も思う「長いものにあっさり巻かれ」「無抵抗で右へならえ」「おカミにヨワーイ」日本民族はそっちに「雪崩を打って」

「先を読めず、目先のことに奔走」し「セコーイ作り方をし始めた日本映画界に責任がある」、という旭の指摘は、冷静で・鋭く・的確。

会社側、そしてアメちゃんを迎え撃つどころか（そ、「闘い」はこういう文化的方面に限定ス・ベ・シ）抵抗すらしない「エージェント」なるものが、

「日本マーケットをどうぞ、ドーゾドーゾ」

旭が『アロー・エンタープライズ』という会社を拵《こしら》えて『赤道に賭ける男』を自主制作し映画界に一石を投じ活を入れよう！

とした積極策、勇猛果敢な企て試みも、日活自らがエージェントとなり、安〜く利用し、買い取っていく――

というアコギなやり方で、多くをポケットに入れる（私腹を肥やす）という……

つまり、旭に「五千万円で作れ！」と発注し、輸出振興協会みたいなところから一億引っ張りだし、残りは自分らが――

そんなことを平気で平然とやっていて（日活自体は稼げるだけ稼ぎ、損をするのは制作者側と俳優）、旭はもう……ほとほと呆れ果て、つくづく……イヤ気がさしたという。

大映健在時『ぴあ』に「市川雷蔵特集」（新宿シネマ・カリテ）の推薦文を依頼され「狂四郎は雷ちゃんにしか出来ません！　皆様シネマ・カリテへひた走れ！」と〝檄〟を飛ばし……自らも観にいった時に数々のチラシの中から「早稲田祭」で『偽大学生』（J《ジェリー》藤尾・若尾文子他）と野坂昭如原作の『遊び』（大門正明・関根恵子）を上映という一枚を見て（増村保造監督の『遊び』は大映末期の陰惨な作で知ってはいたが、ワセダ行きたさに出向いたのだ）出会った脚本家の白坂依志夫は「映画界は救い難い荒野だ」と私に――

（三島由紀夫は数多巧みな卓越した発言を残しているが、若尾のことを「そ

の氷イチゴのような甘い味覚には誰も贖《あがな》えない」にも感心したっけ)

挙句、遂に日活は、マサカのポルノへと――

昭和四十二年は、日本映画を「そんな風にしてしまった」幕開けの年だという旭は、四月一日付けで、とうとう日活を退社。

そういう事情・状況・眞相・事実を知ると、「そして今なお続く映画不毛の国に」と誰よりも内幕内情を知り、問題点を鋭く突く人＝当事者の旭から知らされると、ハッキリと物事が見えてきて(何とまあ……)、と今更ながら歯噛みし地団駄踏みたいような切歯扼腕《せっしやくわん》、口惜しさ残念さいや無念さにとらわれる。

松竹というダメ会社がカブキばっかり援護擁護し、客の入りの悪い新派は温存、映画は毒にも薬にもならぬ寅次郎一辺倒で、貴重なSKD松竹少女歌劇＝宝塚とは全く似て非なる異なる独自独特の世界に類を見ない華麗壮大なレヴューで多くの老若男女を魅了し海外からの客をも娯《たの》しませていた＝加藤治子・淡路恵子・草笛光子・野添ひとみ・姫ゆり子・芦川いづみ・倍賞千恵子美津子姉妹等々輩出＝を潰してしまったのと「同罪」。

政治も、とんでもないロクでもないのが上に立ち治《おさ》めると民も国も酷《ひど》い目に遭いどうしようもなくなる（のは歴史が数々証明し示す通りだ）が、映画産業も「そういう駄目過ぎる輩」によって荒らされ食い物にされ………完膚なきまでにヒドク悪くされたのだから。（自然をブッ壊すのと同様）

監督スタッフ俳優も針路（進路）を狂わされ（路頭に迷い）、旭だってそれゆえプロゴルファーになろうとかゴルフ場経営に目が向いてしまい――貴重な文化産業としての邦画は完全に途絶。

(観客は、目を覆うような日本映画の惨状にイヤ気がさし、ソッポを向き、「まだしもマシな洋画に走り)

私は、全共闘らが東映ヤクザ映画をヘンにバカに妙にやたらに支持し持てはやし(鈴木清順映画への屈折し歪《ゆが》んだソレと同じで)、「撲り込み場面」「出入りの場」へ、♪男同士の相合傘で〜♪なんて、高倉・池部・鶴田らが着流しで「人殺し」に向かうのを、自分らのゲバ棒ヘルメット手拭いマスクの「斗い」を重ね合わせて「ヨシッ!」などと声を、掛け声かけたりするのに怖気《おぞけ》をふるい寒気がし身震いしていた。

日活・東映・大映も荒《すさ》む一方で、「安手の印刷のズレたチラシ」の如き、キメの粗い殺伐たる陰惨モノや「劣情に訴えかけようとする」汚ならしいモノやキワモノを乱作連発という、正規に耐えぬ、目を耳をふさぎたくなる「悪貨」のはびこりに……

(かくも・こうも・こんなにも下落・転落・堕落してしまうものかと)

旭は「何かやらずじまいできたなあ」「生憎、黒澤明監督の映画にもでていないし」

特に後者は「意外な感じ」もしたのだが………

確かに「いい時期の」クロサワ映画ならばドンピシャリ！　だったかも知れぬ。

（後年は外国資本で『乱』『影武者』など大がかりな物量映画ではあっても隙間風が吹くようであり――特に後者は勝新太郎が降りた＝降ろした？　ことがいちばんの要因であろう）

然し『素晴らしき日曜日』（東宝）を愛川欽也が激賞!?　したのに私は耳を疑った。わざわざ「昔の」池袋人生坐まで観に行って、あんまり！　退屈で面白くないのにゲッソリ……全ての料理が美味しいレストランはなかなかないものだし、誰しも全作品がイイというわけにはいかないにしても。（誰だったか「作家は駄作を書く権利がある」と、発言者は思い出せぬが、何度も盗作《パクリ》騒動があったF《フランソワーズ》・サガンだったか？）

黒澤が父達新人監督との坐談会で盛んに頻《しき》りに檄を飛ばしハッパをかけ示唆助言を与えている中で（ウン！）

と大いに頷き、意を強くしたのは――

「好き嫌いで決めていい」

「外国では、自分はシェイクスピアは好きじゃないんで、とハッキリ言ったりするのだよ」

（吉村昭も「夏目漱石は自分には全くいいとは思えない」）

確かに「己《おの》れの好悪」こそ基本原点、最も信頼し尊ぶべきであろう。（あんまりヒトに左右されないで、というよりも断固断然自分を信じ恃《たの》みとしてゆかねば）

同時に、「どんな作品でも何かしらいいところをみつけよ」「ゴルフでも、あーダメだった……ではなく、こうすればよかったという風に考えろ」と語ってもいるのだが。

（私も自作を、何も拳闘《ボクシング》選手や格闘技《プロレスリング》じゃないから「血と汗と涙の結晶」とはいわぬが一所懸命書いた物を「好きじゃないなあ」と一刀両断されガックリ、「そりゃナイだろう」と云いたくなったことも何度か。父の『狂った果実』をもその編集男は「好きじゃない」でチョン）

父は松竹時代『醜聞《スキャンダル》』『白痴』（どっちも重たーい深刻極まるロシア文学が土台）で志願し、キビシ〜イ黒澤組に助監督のペエペエでついて（三番目《サード》か、最もいちばん苛酷な下働きで、すぐカッとなるクロサワの叱咤激励激昂激怒逆上！によりガンバリ過ぎて黄疸になり、一等寝台で雪深い現地から帰され、まだ結婚前の母に手紙がきて「初めて一等の寝台車に乗りました」

顔が真っ黄色な〝最愛の息子〟に祖母は毎日蜆《しじみ》の味噌汁を食べさせたという。ひどくクロサワに心酔していたらしく（それでムリして、奈良漬け一切れオチョコ一杯で真っ赤になるのをグロンサンのみのみ――酒は体質に合わないのに無理矢理ノムようになり——銀座酒場《バア》で毎晩豪遊＝スタッフを引き連れ自腹。毎月「〇《ゼロ》が三つか四つ多いわ」とツケの書類＝請求書が届くと母は溜息を………）

そしてうんと稼いでいたのに母はNICON《ニコン》のキャメラを持って質屋に走ったりし、「お金の苦労はイヤねえ」としみじみ……よく朝出がけに女中の手前声をひそめながらだが筒抜けで、「カネくれ」「もうありませんよ」の諍《いさか》いの声が。

「外」で散水車の如くお金を使いスタッフにも井上梅次監督と違って全くの自費で奢り倒し奢り抜き、記録係《スクリプター》堀北昌子は「よっぽどいいところのお坊ちゃんかと思っていました」（『絹のハンカチが雑巾に』の藤山愛一郎の如くだ）

スタッフ全員に揃いの黒ベレー帽を被《かぶ》せたり、助監督三人（チーフ・セカンド・サード）に「監督なら黒のトックリセーターが似合わねば」が持論で、松竹大船の助監督試験を受けて落ちた遠藤周作に、誰か先輩の監督で選考委員も「しかしアイツにはどうもクロのタートルネックが似合わんなあ」に極上カシミヤの黒《ブラック》（今でいう）ボトルネックスウェター（森茉莉《もりまり》風に）を着せて、本人を中心真ん中にし皆、悦に入り満面の笑みで写っている写真《スナップ》もアルが。石原慎太郎なぞは「中平さんは何でそんなつまらないとこにミエを張るのかと思った」

（とナニについて？　かは聞き損なったが、首をひねっていたっけ）

とまれ、母経由で何回も何度も聞かされた、

「クロサワさんが、ボクのために、いつか必ずシナリオを書いてくれると言っていた」

父が旭に〝言行一致〟でキチッ！　キッチリ！　と約束を果たしたように黒

澤もそうしてくれていたならば、旭も（父はルリ子もだが、旭をとても買っていたから）出たのではないか――

然し旭は「芸術っぽい？」映画に出たかったのだろうか？『私が棄てた女』（浦山桐郎監督）は当初「アキラと都はるみ」を想定していたが、脚本を見て旭は「ふっ」、といっただけだったと。（ルリ子も出ているこれは、当時伸び悩んでいた小百合が「オーディションを受けたくらいだった……」と。あの小林トシエが演《や》った、河原崎長一郎に裏切られる「美しくナイ女の役」だったらしい）

確かに「この二人」の方がず～～っと！　強力で面白く派手になったに違いない――が浦山ではちょっといやまるで心許《こころもと》ない感じ。（『青春の門』（東宝）も旭を生かせずに、映画自体もつまらなかったし）

いいえそうではなくて、何でも！　出来てしまうから、器用さを買われてあれもこれもアレにもコレにも、とコキ使われ酷使され続けた、が。

「コレ！」「コノ一本！」という極めつけの作品に出たかったし出たいのだと思う。

そうしてそれは〝旭の任〟であるし、「多大なる貢献者功労者」への「映画界の義務と責任」でもあろう。

黒澤が原節子のことを、

「大きく立派な飛行機がずうっと空港に停まったままでいるようで、誰《ダーレ》もそれを巧く動かせない、操縦できない」

という風に「生かされ(生かし)ていない」のをたとえていたが、眞に今の(こずっとの)旭がそうだ。

「かつて頼り、頼られた連中が周りにいなくなって、俺自身が浮き上がってしまうと、やりにくいんだな。みんないなくなっちゃったしね」

という旭の言はとってもよくわかる。

でも、何らかの道・手立て・活路・方策・方法がある筈。


さっきの「好き嫌い」の伝で云うと、私は端正・上品・ユーモアもあるダークダックスが（イイ意味の慶応ボーイね）大！好きで、デュークエイセスやボニージャックスはNO。洒落て洗練され伊達でスマートな大人のクレージーキャッツが大！　好き。ドリフターズは全く受けつけない。

（だから、旭の十八番《オハコ》＝オカブをとったように、ドリフが『ズンドコ節』やなんかやるのがイヤだったなあ）

然しまあ旭の網羅している（どの唄も他の追随を許さぬ、ズバ抜け飛び抜けた歌唱）、分野《ジャンル》・垣根《ハードル》・領分《テリトリー》なんか軽〜〜く超越している歌の数々にはたまげるばかりで………

本当に不思議な人だなあ〜〜

と思うし彼こそ（この点ではミナがサンづけする「ひばり」ばかりがいわれるが）天才に違いない。

近頃近年は「歌手・小林旭」になっていると本人が語っているが、俳優と双方両方両面あってこその小林旭であって、どちらかどっちか一方だけというのはセスナや飛行機が「片翼だけ」も同然。

映画が唄を、唄が映画を――

とその二つが混然一体ないまぜになって(いて)こその〝小林旭世界《ワールド》〟であって、

私は（私達は、我々ファンは、別に否ファンでなくたって）心楽しまず・欲求不満で・長く永らく・待たされ続け・満たされぬままだ……芸能の世界（誰かが日本は芸能界だが、米国《アメリカ》はショービジネスの世界だと）も光が弱まるばかりでサミシ〜〜。（財津一郎風に）

旭は非常な非凡なアイデアマンで、自身をも客観的によく見ている。（「観客の眼」を考え演技していると。だからか「新人時代」でも、吉永らを震え上がらせたコワーイ監督の父からも、誰からも演技に注文やクレームをつけられたことがないと。これは珍しい）

後に大ヒットした作品など誰よりも早く目をつけていた。（『ゴルゴ13』は

自分にピッタリ！　だと思ったし『無用ノ介』なども。当時は劇画時代で、手塚治虫ですら『どろろ』などを描いていた）

そういう「旭の声」を形にする「優れた目利きのプロデューサー」がいたら……

と思うし、今こそ必要だろう。

命知らずのアクション、スリリングで現実離れした現場、曲芸やサーカス（の映画『さすらい』にも松原智恵子とタイツ姿で出ているが）以上の演技をこなし、演ってきた人だから「実体験」に裏打ちされていて、吃驚するような考え《アイデア》でも単なる荒唐無稽や絵空事ではなく、〝映画の手品魔法魔術〟を知り尽くしている人ゆえの手品師《マジシャン》的「天晴《あっぱ》れな提案《プラン》」がゴーゴーと旭の頭の中、いや体内では泡立ち渦巻いているのだ。

「驚くような多種多様多彩・様々な発想《プラン》」もそれらを生かせたら、どんなにか映画も大きく《ビッグ》強力《パワフル》に力強く《エネルギッシュ》豪快《ダイナミック》に贅沢《ゴージャス》に華やか《デラックス》になることであろう。（当時の日活はそれが出来なかったのではなく「しなかった」のである）

何よりもその為には、妙案名案知恵を生かし実現する予算そして組織が必要であるのだが。

「タレントの魅力は何なのか？　どこにあるのか？　それは時代背景とその時代にマッチした作品の魅力」

「その作品の中で演じている生き生きとした題材」

と旭は見ている――

が派手な艶やかなグラマーなスポーツカーや鮮やかな色の大型で人目を魅きつけるアメ車が誰よりもよく似合う（似つかわしい）豪華《デラックス》豪奢《ゴージャス》なスーパースター旭にとって「今の時代」のまさしく反映であるコセコセせせこましく

チマチマした「さもしき貧しき映画と映画界」、は全くいただけない・面白からざる・意気地がなくダラシなく情けないものであることだろう。

それでも「富士山《マウントフジ》の如く」超然としつつ、スックと立ち続け、〝ナンバーワン〟の自信自負自尊心自愛プライド誇りを保って揺るがず、「ここいちばんコだ!!」という波、機に乗じて「一騎当千」の強者ぶりをみせてもらいたい、と切に願う。

「客演」「助演」「特別出演」「友情出演」もし、主役を食ってしまったりしているが。(東映の『仁義なき戦い』でも菅原文太などを)

旭はやっぱり断然〝主(役)の人〟(主役を張るべき俳優)だから、堂々かつスカっ！と主演し、観客の溜飲を下げてくれなくては。

TVでも「い〜い作品いいスタッフいい共演者」なら演ってもいいだろう。

『浪漫ドクター　キム・サブ』や『モンタルバーノ〜シチリアの人情刑事〜』（ＡＸＮミステリー）など見ると、
（旭はこういう役もいいんじゃないか）
と思う。（いい作品のいい役を目にすると必ず旭、そしてルリ子を思う）
『ブラックジャック』も旭が最適任ではないかと思い続けている——

舞台だって「先の旭とルリ子」のように、やってもいいとは思うが、マリリン・モンローの「演技指導」（プロの俳優しか引き受けない）をしたコリアー女史が、「あの子こそが舞台のオフェーリアにピッタリだったのよ」と言いつつも、「でも、あのハチドリのような繊細さは、映像《フィルム》でなければ生かせない」とみたように、
旭とルリ子もやはり絶対に断然どこまでいっても（ソツなく舞台でもＴＶ

も難なくこなすが）〝映画の人〟。台詞の言い方（セリフ廻し）も動きも（ブタイみたいに人工的不自然大仰大袈裟に「誇張」せぬ）極く自然な映画という媒体こそが二人に最上なのはいうまでもない。

色〜〜んな映画があるけれど（小説同様、絵画、写真、その他その他……ミーンナ「どう表現したっていい」のだけれど、そうには違いないが）〝映画らしい映画〟が観たい!!

第4章

銀幕の中に生きる〝永遠の恋人〟

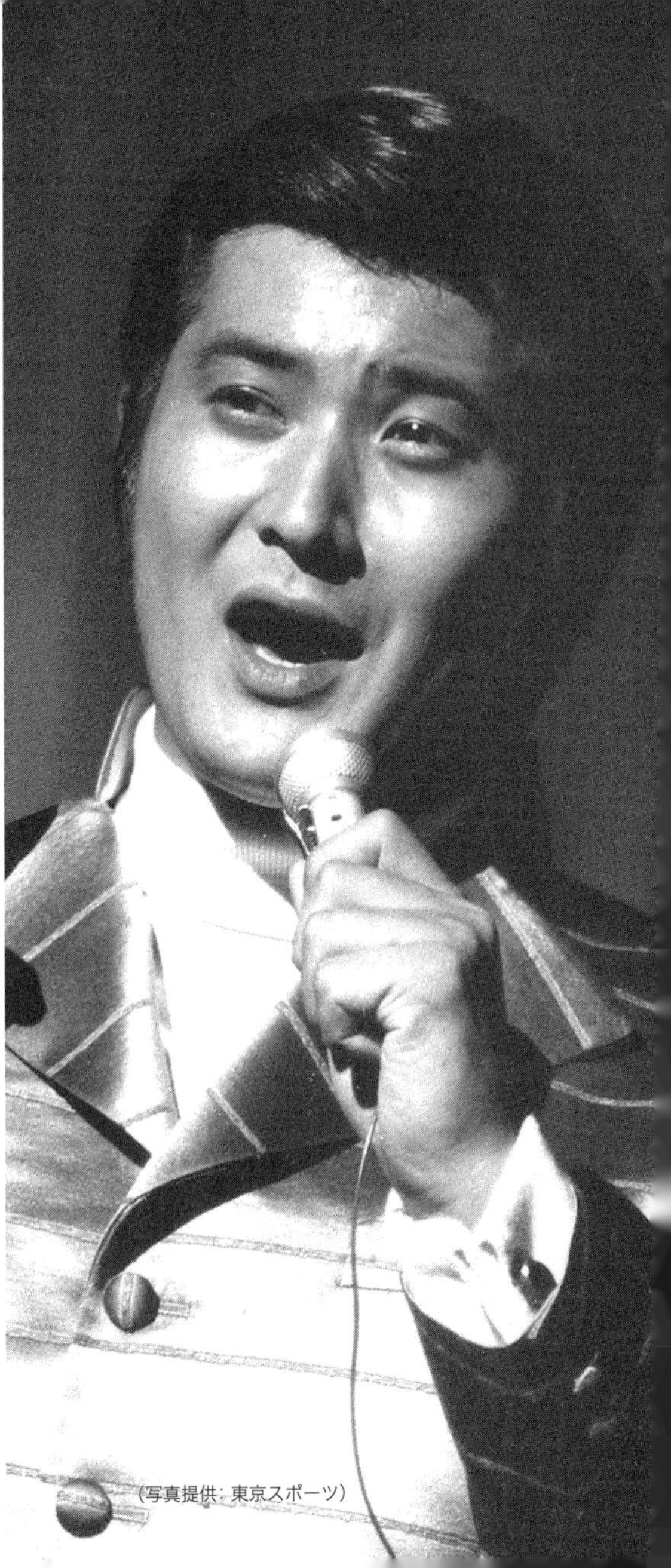

（写真提供：東京スポーツ）

「一日一生」

「毎日が誕生日」

「忘れなければ思い出すこともない」

〝旭語録〟で私が頭に心に胸に腹に刻んでいるそれら。

(三番目は『渡り鳥』の中でルリ子に「思い出すっていうのは忘れるからだろ？俺は忘れたことがないから」、と天上にいる恋人＝最愛の女性のことを「ごめんなさい。思い出させて」というルリ子に向かって)

「どの道に進んでも〝雄〟たり得た人」

という表現があるが、旭のことを知るほど彼こそ、そういう人だという気がしてくる。

だが、「何にでもなれる」「どういう風にも生きられる」映画、映画の世界こそが旭にとってはいちばん最も適した似つかわしい相応しい向いた場であるのは明らかだ。(体操選手スポーツ選手や歌手だけではつまらないしそれこそ勿体ないもの)

「後進の指導をしたい(育てたい)」
と旭が思うのは至極当然道理であろう。
こんなさびしいつまらない虚しい時代のそれでも覇気ある若人に「生きている確かなお手本見本」として旭ならではの(旭にしか伝えられない)豊かで貴重な映画の事々を教え知らせ伝授し、
影の薄〜〜い(存在していないに近い等しい)映画、及び映画界に強烈強力なパンチ！

刺戟と波紋と影響と感化とショックを与え（大いなる活！　を入れ）映画道を継承伝承してもらいたい。

そして何よりも〝旭主演映画〟（にして旭監督作も＝自分がうんと若い頃演りたかった『春来る鬼』は公募で選んだ男女を主役にして彼自ら何十年後かに執念でもって映画化し、ＴＶでは何作か演出も＝で初の監督作となったが、不満が残っていることだし）に「埋もれている力のある俳優達（と旭も語っている）」を引っ張り出して欲しいのだ。

そんな風に思わせ（てくれる）る、思える〝生粋の映画人〟は本当に、もう小林旭しかいないのだから――

若手を育成する「いちばんいい（最良の）方法」は、やはり「いい作品」に体当たり全力で主演し「小林旭健在也」「小林旭ここにあり」、と身体を張って「身を以って」わからせることだろう……共演者そうしてまだ観客でいる人々に。

ルリ子は「元・夫」の石坂と、石坂の「元・恋人」加賀まりこまで加わってTVドラマで共演していたが（妙な関心興味で面白がる人間はいようが）、私には悪趣味としか思えなかった。

（私的には「石坂関連」の「マリリン」と呼ぶ加賀と親しく、「旭関連」の「のぶちゃん」と呼ぶひばりとえらく仲が良かったルリ子ではあるが……）

旭もルリ子も、鋳型のような「合わない既製服《レディメイド》」に自分を押し込めず、身に合った（沿った）誂え服《オートクチュール》のように、一級の制作陣《スタッフ》を招集招聘《しょうへい》し揃え（でもその為にはまず凄腕敏腕ヤリ手プロデューサーの存在がなくては）、

「こんな作者の・こういう作品で・こうした役柄・この監督！この脚本家！」

と所望注文していいと思うのだ。

もう一つついでにいうと——

キュート・コケティッシュ極まりなかった元祖小悪魔小妖精《ペティデヴィルティンカーベル》の加賀まりこだが（全く日本のBB《べべ》であった）、その良さをかなぐり捨てて「柄でない」「感じじゃない」「合わない」「似つかわしくない」「そぐわない」役ばかり演り続けているが（麻雀番組には目を瞑《つむ》っても）、

「元来生来本来の持ち味」を大事に大切にし、貫き、あんまりツマンナイ変な妙なモノやミスマッチな作品と役柄はしないで欲しい（やめて）とツトに思っている。

（「目利き」、見る眼のある作り手がいないからであろうが）

それは「年齢」「時代」「世相」には関係ありません！（出ればいい、

というものではないと吉永の凡作群に思うし、『ポゼッション』（ホラー映画）!! なんてまあグロテスク極まりない、気分が悪くなる悪作に出たりしてはいるが、やはり華奢で小技っぽい繊細デリケートな、男心を惑わし破滅させかねない狂的《ファナティック》な〝運命の女《ファムファタル》〟、無意識の悪女、童女の如き＝カマトトではない＝妖女であるイザベル・アジャーニが言っていた、

「美容の秘訣は？」に「あんまり仕事をしないこと」

女優業にしてコノ言。何かワカル気もする。

作家に憧れ「作家コンプレックス」で、お節介世話焼きな実践女子大の先輩向田邦子にススメラレ「書き始めた」うつみ宮土理は「詰《つ》めて書いていたらすっかり不美人（醜女《ブス》）になっちゃった……」

ガツガツ、セカセカ、アクセク、セッセとがっつき、脇目もふらずにシゴトしている女、これは本人がしたくてやっているのだから「ご勝手に」ではあるけれど（そうしていれば「余計なコト」を色々と考えず、悩まずに済むが、ムロン男もだ）、私個人としては、首をひねるところもある。（大体、外も内も男化してしまうし）

ルリ子一〇〇本記念映画『執炎』の相手役募集で選ばれたのは渡哲也だったが、結局その役は伊丹十三が演じた。（この作品は「愛しい夫の戦死」に自らも海に入水し殉じてしまう〝至高の愛〟で、研《と》ぎ澄まされ澄み切った「極限の情念」が、格調高く気高く氷か氷柱のように張りつめた静けさ激しさを

湛えていて名品)

ルリ子が見せた裸身――

(夫がそのか細い身体の背中を洗い、二人は実に嬉し気に愉し気な清潔で清涼感溢れる「いい場面」、極く自然にスンナリと華奢な上半身をみせるのだ)

これはその当時やそれ以降よく女優が、「必然性があれば脱ぎます(が)」、なあんて台詞を口にしていたが、そんなヤボな断り文句を吹き飛ばす清冽さがある――

(もう一つ、「女優である前に人間です」というのもよく聞いたが、「平仮名のおんなでいたい」等々と共に、ヘリクツをいうリクツをこねる女優はいただけないなァ……とまだ子供だったが私は思って、白々としたものだった)

フランス映画『望郷《ペペルモコ》』をなぞった『赤い波止場』(裕次郎)の更なるリメイ

ク版『紅の流れ星』（渡哲也）では、ヒロインをカンナかダリアかハイビスカスかプルメリアのような朱赤《カーマインレッド》、強い色調の南国の大輪の花を思わせるルリ子が、華麗に大胆に咲き誇ったように強烈に演じていて、

それがごく自然に「渡達《ら》（若手後輩男優）」を牽引先導《エスコートリード》する役回り役割りを果たしていた——

（やっぱりこういうのが〝最上《ベスト》の指南《レッスン》〟かつ〝教習《レクチュア》〟であろう）

初期の文芸的？　映画（日活の暗中模索時代）は別として、ヒット曲を映画化した『南国土佐を後にして』（旭が完全に頭角を現し〝アキラ〟となるその前の年（一九五八年）、『絶唱』で全ての新人賞を総ザライ総ナメにした勢いで「白黒からカラーへ」「封切りはお盆」、と急遽あいなった）以降の旭に対しルリ子は自ら強く望んで会社にかけ合い働きかけもしたようで（その代

わり「ちゃーんと」男主体男主役男性路線映画の相手役もこなしつつ）〝異色の作品〞群に何本も主演している。

（後年にはＴＶで「同性愛《レズビアン》で、殺した相手の肉を食い死刑に」なんていう凄まじいのも）

「問題作志向」が非常に強い人なのであろうか——

ルリ子は仲良し（当初は「大ッキライ！」と言っていた）近藤正臣との対談で、「マリー・アントワネットが演りたい。あのイキザマ（ルリちゃん、「生きザマ」なんてコトバは使わないで！　下さい。「死にザマ」はあっても……「生き方」でしょうが、或いは「生涯」や「人生」）が好きなのよ」

ウ〜〜ン、それならば日本（人）に輪廻転生し生まれ変わった〝安戸輪根戸《アントワネット》万里《マリ》〞なんていうのはいいかも知れない。或いは楊貴妃など、玄宗皇帝が「最愛の女人」を殺すにしのびなく、別人（替え玉のそっくり女性）を殺し、彼女を日本に逃がしたというのは事実だろう。

（源義経も、人々の想い期待希望切望願望願いで「頼朝に殺されず」生き延び逃げのびて、蒙古の成吉思汗《ジンギスカン》になった――ともいわれたりするけれど。そんなコトをいったら西郷隆盛だって「自刃したのは別人」であるらしい）

私が脚本《シナリオ》書いてもいいいな。

ルリ子は本当に吉永小百合とは正反対・対極（だが吉永も結婚後は『天国の駅』でかよという鬼女、男に唆《そその》かされ夫＝中村嘉葎雄を毒殺し、何とまあ自分の吐瀉物をおじやにして食ったという＝これは吉永の談話だがオッソロシクてスサマジイ女を演じたが、監督出目昌伸だけどこれは悪くなかったのだ。

何より小百合がとても綺麗で、高田馬場東映の畳何畳敷きかタテ長の垂れ幕で〝我らが小百合　清く正しく美しく〟という白い襦袢姿の小百合とその惹句《じゃっく》をありありと想起。彼女に純愛を捧げ二番目のいやらしい夫＝津川雅彦から逃れ、雪深い原野を共に逃避行する白痴《ターボ》男役の、西田敏行がとっても良かったのだ――（刑事役の丹波哲郎も）

が、私としてはオードリー・ヘップバーン的なルリ子に（芦川いづみを〝日本のヘップバーン〟とたとえていてアア成程とも思ったが、ルリ子もそう）軽やかでスウィートで弾ける爽やかさ、チェリー入りのクリイムソーダのような、胸にもお腹にももたれぬ作品を望む。

『シャレード』（スタイリッシュでロマンティックな軽い推理劇《サスペンス》）は観ていてほんのり（ほっこりじゃないよ！）とニコッとさせられ幸福感を覚えるし、とてもムーディ。「両刀」だといわれるが、ダンディで渋く茶目っ気があるケーリー・グラント＝ソフィア・ローレンと熱愛があったが……イタリア女優は

「のびるために有力なプロデューサーと結婚」とはよくいわれたが＝クラウディア・カルディナーレ他＝小男だが実に愛嬌があって魅力的で優れた手腕のある夫、典型的な「ノミの夫婦」の彼カルロ・ポンティとは別れられなかったのだろう。吉永はオードリーが大好きだが何せ深刻劇、重た〜いのが好きなお方だから「私はもっと重厚なのを演りたい」とファンクラブ会現況『さゆり』の〈さゆり日記〉で）みたいのもいい。

『いつも二人で』（結婚前の男女、多情で浮気者《プレイボーイ》の男に魅かれ（彼自身は女学生グループの中の一人、オードリーにはさほどでもなく、まだふっくらとしていたジャクリーン・ビセットの方に魅かれていたのだが）彼女が熱を上げ↓逃げ腰の男に遂に〝求婚〟させ↓結婚を「勝ちとり」↓お定まりの倦怠期。「互いの浮気」やら「不協和音」も多々あったのだが、やはり――（永年連れ添った相手がいい）

という変化変遷を、実際にも恋愛感情《ロマンス》が芽生えた（オードリーは恋人ウィリアム・ホールデンの前に婚約者許嫁者を振って＝舞台劇〝ジジ〟で注目され、羽ばたいてゆくそのためであろう、本人は「たった一つの恋」と語るメル・ファーラーと結婚中であったが）アルバート・フィニー。（今も「現役」）

二人が演じたクワイのようなほろ苦さもあるけれど、それでも変に重たく妙に深刻にならぬ巧みな捌《さば》き方の洒落《スマート》て洗練《ソフィスティケイト》された極上の一篇（やはりヘップバーンが大先輩フレッド・アステアのダンス同様「上手なリード」で生き生きのびのびと、ポニーテイル振り振りキュートなコケティッシュ＆チャーミングに演じた、まるで「動く＝次々めくり続ける舶来服《モード》雑誌《ファッション》グラヴィア」の如き、同じくスタンリー・ドーネン監督作）みたいな、「カチリとした真実（種子）が芯に底に中にはあるのだが後口《あとくち》口当たりのいい軽やかで甘くおいしいお菓子」（スフレかメレンゲかマカロンかスポンジケーキかシフォンケーキ）

のような〝センスのいい上質で上品な作品〟――に出て欲しい。

ジュリー・アンドリュース（私は『サウンド・オブ・ミュージック』よりも『メアリー・ポピンズ』の方がず――っと！　好きだ）が夫君ブレーク・エドワーズ監督（彼の〝ピンクパンサー〟シリーズは大！好き）により、モジャモジャ頭の小男だが不思議に魅力的なダドリー・ムーア（故人）の相手役をした（その〝コントラストの妙〟）ジュリーも頗る良かった『テン』だとか色々候補はある………

兎に角、ニコッ（ニッコリ）、クスッ（クスリ）とさせる「後味のいい（気分のよくなる）物を。

『ティファニーで朝食を』（M《マリリン》M《モンロー》が演ずる話があった。これもB《ブレイク》エドワーズ）

の風変りで気になる主人公《ヒロイン》。ああいう役柄も似合う。（高級娼婦《コールガール》でしょっちゅう朝帰り、朝にご帰館だが、不思議に全く不潔感や薄汚れた感じがなく）

それは素晴らしい衣装や帽子や靴やその他の小道具にオードリーの個性もあいまってこの上もなく優雅優美《シックエレガント》。（大体が、確か山口瞳も言っていたが「女なんてミーンナ娼婦か売春婦のようなものだ」『椿姫《ラ トラヴィアータ》』の鮠下男アルマンを夢中にさせたマルグリットもだしロシア絵画〝忘れえぬ女《ひと》〟の傲然とした美女もそうだという説も）

大体「もらってもらった（吉永の言）」や「もらう」という男の側＝夫の方がいうのもソレをよーく表しているではないか。そうして「サセテモラウ⁉」からか、他方「サセテヤル」からか、九割九分の亭主はもう実にからっきし意気地がないダラシない情けないほど女房の顔色を窺い尻に敷かれているのが大多数の実情で、「奥サン」と自分の女房をいうバカ男達。努めて怒らせぬようにコレットメ、といった風。

「夫婦というカンニング」と石坂洋次郎の『光る海』に秀逸卓抜な表現もあったが、小さく小さくまとまって「自分チ」（夫婦と子供のワンセット）さえよきゃいい、という有象無象を目にするとダザイのあの箴言「家庭の幸福こそ諸悪の根源」を思ってしまう。

勿論、此の世で、他人でありながら、なまじ肉親よりも心が通い通じていて肩の力が抜け気を許せる「同志」、それが夫や妻であったなら、「自分が拵《こしら》える新たな家族」として理想的な結婚によって配偶者・伴侶を得られ「相和し」でこの寒風吹きすさぶ娑婆・俗界を「二人乗りの手漕ぎ舟」のように一致団結・協力し、暮らしてゆけたらどんなにいいか………

という思いは私の中にこよなくあるのだが――

「結婚てラクですよお」と今迄二人の女性から聞いて驚愕・吃驚したものだが（母も「エっ!?　結婚が楽!?」）、そういう婚姻もあるのだろう。（他方、新たなる更なる「苦」を背負い込む場合も）

SKD出身で日活に迎えられた芦川いづみ（旭・ルリ子共演第一作目『美しい庵主さん』（原題は『美《み》っつい庵主さん』。有吉佐和子原作で尼の役）を好きな人は多い。（オムギという愛称《ニックネーム》は有馬稲子に似ていたから「稲でなく麦」と）

（ちょっと湿潤《ウエット》過ぎて……自分はルリ子の方が好きだ、という男性もいてわかる気もするが）

いづみのベストは『あいつと私』。（衣装もとてもいいのである。輝夫《テリー》が「裕次郎の着ていた青いセーターを捜した」という裕次郎のも。彼＝黒川三郎を「女手一つで」いや「髪結いの亭主」が育て、自分は有名著名な、男出入りの激しい美容家と成った轟夕起子が「最愛の息子サブロー」と、宮口精二演じる夫と住む邸宅の洒落た優雅な素敵さったら……ない。設計も素晴らしいし）

そして「メガネをかけた勝気な才女」（まるで「後年のワタシ」みたいな『光る海』の吉永もその線で父の旧制高知高校同級生は「あれを観ると、中平は貴女が小説家になるのを望んでいた気がする」）、『危いことなら銭になる』のルリ子や『光る海』の小百合と同じく美女コメディエンヌに扮した『あした晴れるか』（二作とも父が監督）がWだと思う。

だが『憎いあンちくしょう』『執炎』では助演、完全にルリ子の脇に回っていて何だか何とも気の毒だった（役柄自体も）。北原三枝が「晴れてやっと

……ようやく結婚」で、裕次郎の相手役「後任」だったのをいつかすっかりルリ子に譲りバトンタッチ。（吉永映画でも助演）

ミスター平凡で日活入社した葉山良二との「長過ぎた春」のあと、誰もがエッ、と驚く（殆ど無名）予想外の意外な相手＝後輩の藤竜也と結婚し、あっさり引退してしまう。

（全く顔を出さぬ「完全引退」である。父本《パパ》の時も私は取材出来ればと思ったのだが、〝聖母マリア様〟と仰ぐ「いづみちゃん」を大好きな小百合が仲介の労をとって打診してくれたが、「日活時代のことはどなたにもお話していないので」）

芦川から結婚を打ち明けられて大ショック、天井がグルグル回り、その胸に顔を埋めて号泣した吉永に、「本当は仕事を続けたいけどやめるわ」。夫の為、結婚生活の為に潔くキッパリスッパリやめたのである。

だから、裕次郎と同じくらい、いやいやそれ以上に浮気の激しい藤に（いづみは「その先輩」として石原まき子によく相談し助言を仰いだという）、吉永は内心とても怒っていて（アタシの大好きないづみちゃんを苦しめてと）、「今度ナンカあったらアタシが出ていく」

と腰に両手を当て、迫力ある物言い物腰で私に。（「私より一途な人ですから」と芦川のことを）

陶芸《やきもの》をしたり腸詰め《ソーセージ》まで手作りなどの芦川は「ルリ子さんは料理しないの？」芦田淳に訊かれ「兵ちゃん（石坂）の方が上手だから任せているの」というルリ子とは対極。（ムロン結婚当初は築地まで「買い出し」にゆきと世話女房に明け暮れた小百合も、ルリ子とは対照的だ）

とまれルリ子とは正反対の「女の生き方」。

そして――引いたがゆえに〝永遠に忘れ難い忘れじの美しき残照残像《イマージュイメージ》〟

を人々の脳嚢《のうり》に置き土産にし。

人の、特に女性の生き方にもいっくら自分はマイペース己れのやり方私の流儀で——と、思っていたとて「時代の趨勢」や流れには完全には抗《あがな》い切れないものである。

今は、猫も杓子も誰も彼も才ある女性もない女性も「結婚したって仕事仕事仕事。仕事せぬ女は現代の女に非ず」でアレもコレもナニモカモ手に入れて満喫充足したい。

と恋愛も勿論し、結婚もして当然子供も産んで。

という「欲張り多方面全方位型ジンセイ」を志向指向、おんなじようにゴムで長い髪しばり白シャツ黒服《スーツ》（短い上着で、カッコ悪い尻をムキ出しにして見せるのはヤメテ欲しい。ミーンナ生き方も髪型《ヘアスタイル》も化粧《メイキャップ》も服装《ウエア》も全て「その他大勢」とゴ一緒）のネーチャンらがシューカツシューカツ。
就活終活婚活……活々だらけのヘンな時勢時世。

ふっと思い出す。伊丹十三が川喜多長政・かしこの娘、和子（大島渚と結託し「カンヌで撲り込み」。父の正式出品作として選ばれた「闇の中の魑魅魍魎」を選考経緯が不明瞭だとしてカンヌ国際映画祭事務当局に抗議）と別れ、一体今度はどんなステキな女性と一緒になるか？と期待していた。『ヨーロッパ退屈日記』（文春）の〈配偶者求ム〉の一文は特に秀逸だったし、いい意味での気障《キザ》な・日本人離れしたスタイリストだったから。その彼が再び独り身となりTV出演（司会業）時「そんなに仕事がしたいんなら、どうぞ。いつでも交代しますよ」

とあのシニカルな風貌面構え口調で「女側」にうそぶいていたことや。

知り合い編集者（元・新潮社『フォーカス』石戸谷渉）が、「ニョウボが働いて自分かそれよりも稼いでくれるんなら自分はよろこんで仕事なんかやめるが（そうはいかないから）」と。

それを聞いた時(随分と男気のないコトをいうなあ〜〜)と呆れたものだが。

その私自身は「女房の一人や二人、自分《オレ》が稼いで不自由させない」という殿方がいいと思うから。

そう、声優鈴木弘子にいつかしみじみと、気の毒そうにいわれたっけ。

「アナタ方の世代はカワイソー。今は当然女房にも働いて稼いでもらうそれが当たり前だなんていう男らしくないオトコばっかりで」とやや皮肉っぽく。

ショーン・コネリーの再婚妻は(エレガントなダイアン・シレントと「何故か」

別れ）ちょっと品がない女（モロッコの女流画家だというミシュリーヌ）——映画の中で沢山の美女と共演だから実生活では、ああいうのがいいのか？とよく二人でおでましになるのを見て思ったが。

若林映子は『007は二度死ぬ』で共演時、彼《コネリー》から食事に誘われたのを断ってあとでひどく後悔したという。

「だって……その後、彼はまもなく離婚しましたからね」

（他方、もう一人のボンドガール浜美枝の方は「彼《コネリー》から誘われましたか？」という質問に「あの方は、苦労し抜いて刻苦勉励のマジメなヒトですから、そういうことは」と否定。「その代わり」スタッフの一人から猛烈にアタックされたそうで、困惑して女性スタッフに打ち明け相談したら「貴女、ではニンニクを食べなさい」。ドラキュラ撃退ではないがスナオにそうしたらば〝ガー

リック・ベイビー〟という仇名がついたと)

どの女優も、他の映画の中とは比べものにならないくらい、007作品のボンドガール役の時は〈世界最高の美女〉という趣き。圧倒的に美しく・妖艶で・カッコよくて、〝女の中の女〟という眩ゆい光輝を放ってボンドと好一対。

(悲し過ぎる結末で終わってしまう『ロシアより愛をこめて』の原作、ボンドが結婚を初めて意識・決意したヴェスパー・リンドが実はロシアのスパイで服毒自殺をしてしまうし、次に『女王陛下の007』でユニオン・コルスの首領の娘、伯爵夫人のテレサ=トレーシーも殺されてしまうが。亭主は浮気し、子供も亡くし、捨て鉢・自暴自棄・情緒不安定・ウツの愛娘《テレサ》を心配した父親マルク・アンジュがボンドを男と見込んで「救済結婚」を頼み、最初ボンドは逃げ腰だったが、彼女としっくりし始め、今度こその結婚式を挙げる……この時の花嫁、新婦の実にエレガントな、白い小花を飾ったアップスタイルの髪、レース地の肌が透けて見えそうなパンタロンスタイルの、スカートよりも女らしいウェディングドレス、そしてボンドが考え抜き選び抜いた「両方の手が握手している」何とも洒落た結婚指輪など……サスガ007とその妻だと思わせる)

随分、特に「晩年?」精力的《エネルギッシュ》に次々と多く出続けたショーン・コネリーだったが数年前に「引退」は寧ろ正解で潮時でいいと思う。(A《アラン》・ドロンのそれも、D《ダニエル》・デイ・ルイスのそれも、キャメロン・ディアスにしても)

〝生涯現役〟でガンバリ続けガンバリ抜くのも(旭も「人生に引退はない」と)

それはそれでいいのだがケースbyケースで人によって様々な行き方（生き方）があるわけで、やはり最適な最良の生き方（引き際・やめ方・やめ刻）を選ぶべきであろう……

（だから私個人としては、藤純子改め富司純子や、関根恵子改め高橋恵子らは＝彼女達は全く！　往時と違ってしまった。しかし、どうしても出たい出続けたいのならばせめても改名が筋というもので、「出戻り」の都はるみ、やはり大見得切ってやめた伊藤蘭等がおめおめヌケヌケと出てくるのは何とも。麻丘めぐみらにせよ、離婚したから稼がにゃいけないならないのがアリアリで。フランク・シナトラは引退↓復帰を何回か繰り返しやらかしたけれど）

ショーン・コネリーと『ネヴァセイ・ネヴァアゲイン』のことを綴《つづ》っていたら（007全作品放映企画で「番外篇」として）久方ぶりにTVで再々見。

（再見はずーっと前）

（どうかな？）とちょっと心配・不安も感じ乍《なが》ら視聴したが（勿論、血気盛んな鼻息荒く血の気が多い感じの三十代のボンドとは違うが——彼は二十代を「契約」に縛られて棒に振り、不本意な時期を延々と過ごさせられたそうで、以来契約には実に神経質《ナーヴァス》で慎重になったと。アイルランドのトラック運転手の息子で牛乳配達もやり、肉体労働に従事していたが、給料《ペイ》がいいので映画『南太平洋』のコーラスボーイに応募し、そしてそして……という人。

タータンチェックのスカート＝アイルランドの正装＝を穿《は》き「サー」の称号を受けるため、エリザベス女王のところに赴く写真を見たことがあるが、いつ・どこに・どんな親の元に生まれるかは選べないのであって、キッカケは金銭《マネー》でも精進努力尽力し一流になったのだから、氏素性はあんまり関係ない……という気もする。（彼がオスカーの授賞式で「この世界に何十年いる。忍耐は美徳だ」というスピーチをしたが、私の大好き！なケネディだって祖父はアイルランドの貧農でじゃが芋農民だもの。アメリカは殆どが「食いつめて」「故郷を捨て」「新天地を目指し」「一攫千金の夢《ドリーム》を」、という移民の集大成よせ集め。唄声はとってもいいし魅力的だが、MM《マリリンモンロー》にも××なコトをし、ケネディ暗殺にも深く関わっている悪人「フランキー」フランク・シナトラにせよイタリア移民＝産婆の息子）

コネリーのボンドは十二年ぶり、身体的な動きは歳月年月を感じさせても、作品として（この一作は、アルバート・ブロッコリ＆ハリー・サルツマンという最初当初の「正統なる」ボンド映画の製作者《プロデューサー》と「敵対する側」のケヴィン・

マクローリー、イアン・フレミングの『サンダーボール作戦』だけ版権を持っていた彼によるリメイク物だが）非常によく仕上がっていて——

何よりも「面構え・タキシードの着こなし・女性達《ボンドガール》との絡み」等に、コネリーにしかない（コネリーしか出来ない）独自独特独断場の「男っぽ〜〜い色気と茶目っ気」があり「ハード&ソフト」が過不足なく。

（近年の007はあまりにもシリアス・シヴィヤ・ダーク・ハイテク・ハードボイルド過ぎて、遊び・甘さ・色気・ユーモア・余韻に欠ける……無論マイケル・G・ロビンソンとアルバート・ブロッコリの娘バーバラ・ブロッコリがアトを継いでいて「継続とは力也《なり》」だし、歴代のボンドもそれぞれに健闘し、よくは出来ているのだが。アタシの好きなのはコネリーの次にはジョージ・レーゼンビー、そしてダイアナ妃が「原作に最も近い」とほめ認めたティモシー・ダルトン、存続かどうか？　危ぶまれた〝剣ヶ峰〟＝起死回生の一作となって成功した『ゴールデンアイ』時の甘いマスク、最終作で「初めての黒人ボンドガール」短髪《ヴェリーショート》ハル・ベリーと共演し過去歴代の００７名場面とボンド＆ボンドガールズに多大な敬意を払い、「同じ（ような）」ショットやシーンをリフレインもした『ダイ・アナザー・デイ』の二作に於けるピアース・ブロスナン、そうして「初の金髪《ブロンド》ボンド」と騒がれ賛否が分かれたダニエル・クレイグも悪くないのだが、最近最新の彼は些《いささ》か身体を鍛え過ぎ髪短すぎマッチョ過ぎの感がある）

凄いんだなあ〜〜とショーン・コネリーの真価・値打ちを改めて認識した。

「初見の時」ロードショー映画館の大画面にて、豪奢《ごうしゃ》なシャンデリアが燦然《さんぜん》と光り輝く天井の高ーい豪華な大広間で人々の耳目を魅きつけ華麗に繰り広げられた〝ボンド&《と》ドミノのタンゴ〟（二人が猛特訓猛練習したというそれ）に、亡き母と「何て!! 素敵なの!!」と感嘆したが、狭い小さなTV画面であっても〝男の中の男〟コネリーボンドと（彼が最終的に選んだという）『プレイボーイ』誌で大胆なヌードを披露したという（ア、浜美枝も「国賊ヌードを外国雑誌で!!」とあの頃の日本ゲーノー雑誌の見出しがあったっけ。因みに「勝手に化粧を直すとメーク係に怒られた」とは撮影中の談話）四分の一チェロキーインディアンの血が流れ混じっている〝長〜い金髪魅惑のグラマー肢体《ボディ》馥郁《ふくいく》たるソフトな色香〟の彼女《ドミノ》・キム・ベイシンガーの、美事に呼吸《イキ》が合い、完璧《パーフェクト》に踊るそのサマ、類稀なるカッコ良さ……（ラルゴ＝表の顔は大富豪、裏の顔は秘密結社スペクターのNo.1が猛烈な嫉妬をし、ジェラシーでダンスを中途でやめさせてしまう）
劇的《ドラマチック》で・優雅優美《エレガントシック》で・惚れ惚れ・うっとり

ただただ見惚れてしまう舞踏舞踊《ダンス》は「目の保養」としか云いようがなく（〝旭とルリ子のダンス《タンゴ》〟もぜひ観てみたいものである）、私が知る「映画の中の踊り」ナンバーワン。

ヒタ――――ッと見詰めて味わいながら私は、

（ア〜〜、こういうものに自分は永らく幾久しく飢え渇えていたのだ）

とまざまざと気づかされた……。

旭が「杖《ステッキ》突いてきた人が、帰りはスタスタ歩いて帰る」と〝旭ステージ〟の〝アキラ効果（効用）〟、その「回復ぶり」を語っていたが、鏡を見たらば「自分の顔つき表情」がすっかり変わり面変わり、良くなっているのに我ながら驚いた。

こうして、感覚・感受性・神経・精神・本能、つまり全身は〝いいもの〟には即、即座に敏感に正直に素直に率直に反応。

つまり「エナジー（エネルギー）は循環する」のであって。（元気をもらう、なんて言い方は大！ッキライ）

〝スターの最後の仕上げ〟はファンの熱い好意的な憧れ視線や支持でパーッと照り輝き光り輝き「完成する」ように、ファンも彼らに「大いなる力」を与えていて、互いに「交歓」し、高め合うのだから。

とまれ〝大衆娯楽の王道〟と旭がいうところの映画の、そのまた〝王道（正道）〟を旭とルリ子の二人には威風堂々、なるべく永く歩いて行って欲しいのだ。

健康だし・現役だし・ヤル気があってと何拍子も揃っているのだから。

（日本のボンドガール二人のうちの一人、若林映子《あきこ》は「女優を引退していない」と言いつつも出てこないし＝出たい作品がないのだろうが。当時花形職業だったバスガール♫発車～オーライ明るく明るく♫と初代コロンビア・ローズの唄＝出身のもう一人浜美枝は長い髪をとっくの昔に断髪ヴェリーショートにしてしまい、古民家移築だの何だのと「生活評論家」風な人となり、肩書に「女優」とし乍ら「とっくの昔」に廃業、やめてしまっている）

「怒った顔も可愛い」といわれた（父の監督作品『若くて、悪くて、凄いこいつら』（柴田錬三郎原作）で、任侠↓時代劇専門になるずっと以前のカッコ良かった高橋英樹＝誰かが「日本舞踊を習いに行って〈違うコト〉を覚えてきた」と、中尾彬も「英樹も欣也も誰々も誰彼もミーンナ！　カマだっ」と言っていたが＝はニヒルでヤサグレていてステキで、久保明の弟、二〇一一年に亡くなってしまった山内賢か英樹のどちらかと結婚していたらと思ってしまう）和泉雅子（後に北極探検家に）、和田浩治も良かったし、真赤々な衣装でオートバイをぶっ飛ばす清水まゆみも……ミナ威勢が良くチャーミングだった………

と往時を想うとジ〜〜ンとしてしまうのだが。（なべて「イイ作品の彼と彼女らを永久に記憶に脳裏に留め封印」すればよろしかろう）

大きな波頭波動、うねりがチリアクタゴミを一掃駆逐し〝海本来の美しさ綺麗さ透明さ〟を取り戻し復活復元させ生き返らせ甦らせてくれるように………

日活が生んだ旭とルリ子という（生え抜きの）〝不世出男女優コンビ〟にして〝真の映画俳優《スター》の圧倒的な底力〟を魅せつけて世の中を私達を活気づけ活

性化し活力を与え励まし勇気づけ夢を与え浪漫《ロマン》を見せて欲しい——

父同様私も玄人《プロ》（プロフェッショナル）を愛好嗜好する（父曰く「俺はアーチスト《芸術家》でなくアルチザン《職人》を目指す。∴巷間《ゆえにこうかん》支持者が多い、ルリ子も好きというが「素人のガリ版刷りみたいなヌーヴェルバーグ」は嫌っていた。自分の監督昇進第一作がフランスでフランソワ・トリュフォーらにえらく支持されヒント（処女長編『大人は判ってくれない』等に）を与え、「狂ったように『狂った果実』を愛し」と語るトリュフォーにより「シネマテークに保管された日本映画の第一号」となった、あの作品が〝新しい波《ヌーベルバーグ》〟を起こさせたというのは最早通説定説というより「伝説」。

だから『狂った果実』も「相手は素人だけど何とかつき合ってよ」と石原

兄弟がファン（特に弟が）だった北原三枝を口説いたし、「今度のは素人（裕次郎）だからやり難《にく》い」と突貫工事のような短期集中撮影中ロケ現場＝余計な邪魔っ気なモノが建っていなかった「昔日」の湘南から撮影所に戻ってくると、先輩（松竹助監督だった父を日活に誘い伴った）西河克己監督（後年「リメークの帝王」みたいになってしまったが）に頻《しき》りとコボしボヤいていたという。（「自分が主役だ！」と言っていた津川雅彦も「お父さんは裕ちゃんのこと大っ！キライでした。生意気だから」、後には父もホメてはいたが「芸能雑誌向け談話《コメント》」か？）

そうして撮影中に（「北原サン」↓「マコちゃん」↓「マコ」にあっさり急激に変化で「二人の超速度《ウルトラスピード》進展発展恋愛劇《ラブロマンス》がわかる）スンナリ仲良くなって。（何せ〝憧れの女《ヒト》〟だったから彼も最初はカタークなり「いくよ〜〜」といいながらもラヴシーン＝父が敢《あ》えてイキナリその場面、寝台場面《ベッドシーン》から撮影開始＝では「その純情ぶり」を披露露呈――「不良（といわれる）その素顔」を垣間見て彼女も愛しくなったのだろうが）

彼らは（裕次郎を物凄〜〜く可愛がっていたから「自分の成城の家」の二階に居候＝住まわせたターキーは「アチシは部屋の扉《ドア》の把手に触ったこともない」。多分本当だろう）それこそ〝事実婚〟。

当時は「結婚するとスターの人気が落ちる」でタブーだから、日活も伏せ（なかなか結婚を認めず）、彼らは箱根の松乃茶屋におしのびで泊まったり、果ては「日活を困らせ、ウンといわせるために」米国逃避行《アメリカエスケープトリップ》などなど色々イロイロやらかし――

結局日活側が遂に折れてやっと認めたのだ。

私は宍戸錠『シシド　小説・日活撮影所』（新潮社）出版記念会場で、

「どうして！　ルリ子と結婚しなかったんですかッ!?」

（ちょうどルリ子離婚直後）

旭にいわずにいられなかった。

（彼は壇上で祝辞《スピーチ》の際「そういわれてしまいましたが」、苦笑というか首を斜めにして）

旭のほうは、『潮騒』の青山京子（東映）と〝不思議な縁《えにし》〟（彼女が年上）で初の結婚（前述したように、ひばりとは婚姻届けを出していなかったのだ）をし、実生活では申し分のない伴侶を得たという事だけど。

ルリ子には「旭との舞台《ステージ》の合い間」楽屋を訪ね（短い休み時間・休憩時間に唐突だったし疲れていて悪いとは思ったが）

「アタシ、『危《ヤバ》いことなら金《ゼニ》（「銭」に封切り時変更《チェンジ》）になる』のルリちゃんが大好き！　なんです」

『ブラックシープ　映画監督「中平康」伝』（ワイズ出版）ではいちばんの大物二人＝旭とルリ子に「取材」せずに本を刊行してしまい――

以来「二人のこと」がズ〜〜っとアトを引き尾を引いていたのだ。

（このままでは永遠に悔い後悔が残ってしまう……）と。

それが今回の本の引き金《キッカケ》である。

新生日活には幾多のアヴェック・カップル・コンビ・ペアがいる。その中には裕次郎達が第一号の「大画面《スクリーン》を現実に」の成就組もいくつか……長門裕之&「私達はミスキャスーよ」と、『太陽の季節』の自分達のことを長門に言い裕ちゃん達同様「長い関係」の挙句に式を挙げた南田洋子（若尾文子に押され？　大映から移籍。北原三枝だって日劇ダンシングチームの踊り子《ダンサー》から松竹へ↓そして日活に、で抜群の八頭身肢体は当時裕次郎とはドンピシャリ！　だったが。裕次郎はM的《マニッシュ》な女性が好きだったのだろう。髪の長〜〜い「マコちゃん＝北原＝が髪を切ったら、スネて撮影をスッポかした」という、ウソのような本当の話がある）

小高雄二&清水まゆみ、別れたが川地民夫&中原早苗＝父の御贔屓《ごひいき》、沢本忠雄&白木マリ（後に万里）、錠が「日活《ウチ》は職場結婚が多いのよ」かくいう彼も〝初恋女性（ニューフェイス）〟がやめ、次なる新人女優（後に文筆家となった宍戸游子）と。（それは映画人気で押しかけ押し寄せるファンから隔離されて――の結果だともいうのだが、彼の言では）

時に相手を替えたり違《たが》えたりの変則変形組《ヴァリエイション》も含めて、何組もいる。

だがその中で（旭はどっかで「事実婚だった」と語っているらしい）最強の〝小林旭と浅丘ルリ子〟こそは、後世に語り伝え教え遺し広め見直すベキ、そうしてもっともっともっと――評価し続けるベキ〝銀幕の妙なる恋人達《ラヴァーズ》〟№.1だと思う。

（今、さらにその思いが強くなっている）

私は初めてワザワザ映画館に『男はつらいよ』を観に行った際の白っちゃけた失望感を忘れない（あんまりセケンが騒ぐ？　ので、否、小百合が相手役《マドンナ》を演るからか＝その時の吉永はまだ公表していない結婚目前だったが、容貌にも蔭りくすみ淀みが感じられ疲れが……ファンクラブ会報誌『さゆり』でも積年永年の、よく白黒グラヴィアでも顔を見る男性サユリストが〈男をつらいよを観て〉のファン座談会で「何だか小百合さん老《ふ》けてたなぁ」演技もあんまりだったのだ――土手で寅が白爪草《クローバー》の花冠《ティアラ》を彼女の頭に乗せた時の笑い方が×。私は（アーまたか）と白ける「バター！」＝「チーズ」のつもりで写真を撮る時に寅が言い、廻りが呆気にとられたり笑ってしまう、その時の吉永の笑い方もＮＧ！　正直なところ（もう私《アタシ》の大好きだったサユリちゃんではない。輝けるサユリはとっくにいなくなったな）と思ったのだが……

(それは、三島由紀夫〈『博変打ち　総長賭博』が大好きだった御仁〉も気に入っていた一時期ゾッとするほど綺麗凄艶だった藤純子の引退記念映画『関東緋桜一家』をこれもワザワザ観に行った時もだが)

コンナモノナノ⁉

コンナ程度デ客ハ喜ブノ⁉

と、冒頭から弛《たる》んだ緩《ゆる》んだ鈍《にぶ》ーいもったりとした寅次郎映画に虚脱し拍子抜けしたのだ。

そして、今もほとほと呆れたように思わされるばかり。

(ニホン人てのは本当に寅次郎が好きね〜〜)と、白々と……(金正日もだけど)

寅の放浪流浪は間違いなく旭の〝渡り鳥シリーズ〟の模倣《マネ》だろう、が恋人に（懐《なつ》いた子供にも）背を向けて、「シェーンのように」振り返らず、後ろ姿のまま遠ざかり「永遠に」行ってしまう旭――と違って、寅はブーメランの如く戻れる（戻ってこられる）アットホームな妹達オイちゃん（初代の森川信が最高《ベスト》）タコ社長ら家族や「家族的人々」のいる柴又がある。

旭の方はいつも・いつでも・いつまでも・いついつまでも・いつの世までもたった独り。

文字通り風来坊で流浪の〝孤高の人〟。

ほうっとする（ホっと出来る）憩い寛《くつろ》ぎ和《なご》み安らぐ（安らげる）日常茶飯日常生活的な「帰る（帰れる）ところ」なんてない「糸の切れた凧」。

どこまで行っても、眞の、本当の流れ者。

だからこそ、素晴らしく（切なく）忘れ難いのだ——

安達瞳子の「私は桜より椿を選ぶ」の伝でいうならば、

「私は寅次郎よりアキラを選ぶ」

後年の雷蔵『眠狂四郎』も007《ダブルオーセヴン》に影響感化され、「ボンドガールズをはべらせる」よろしくの作品もあるが（スチールも）、『男はつらいよ』の場合、毎回マドンナを取っ替え《チェンジ》ひっかえが「人寄せ」「人を呼ぶ」大いなる要因要素。

ツボでもあろう——

が、全国各地を回り廻る（流れ歩く）アイデアは明らかに〝渡り鳥〟のそれだもの。

無論、何だって？　マネぶ（マネる）と勝新もいうように、完全オリジナルはないにしてもだ。

「二人は今も此処《ここ》で暮らす」
（奄美の孤島離島僻地辺境♪鳥も通わぬ〜〜と唄われる加計呂麻島《カケロマ》＝最終話で寅とリリーが夫婦同然の暮らしをしていた島に私も「犬猫不殺生」を訴えるために敢然と真夏の参院選に出馬した翌年（二〇〇二年）、私を候補者とした徳田虎雄に勧められて行きましたよ……そして『リリーの家』やらロケ場所、という「観光客向けに化粧《メイクアップ》した表の顔」でない、ハブの潜む暗鬱陰鬱なる山々……の差し迫ったサビシイ島にしばらく住むことになり、「生まれて初めて、それも筆舌に尽くせぬ一人暮らし」を体験）そんな立て札があるそうだが——

女優だから、映像《スクリーン》のうえでは何回結婚《マリッジ》して何人夫《ハズバンド》がいたっていいけれど、

〝旭とルリ子〟には、せめて映画の中で〝最高の夫婦《ベストペア》〟になってもらいたいものだ。

〝永遠の恋人同士〟もいいな〜〜

作品でもたびたび共演し、実生活では結婚こそしなかったが、娘達も公認だったという既婚者スペンサー・トレイシーと「全面的な献身の愛」を捧げ貫き全《まっと》うした終生独身骨太女キャサリン・ヘップバーンのように……

眼前目前が青々広々と開けたパノラマ的空とうつくしい穏やかな遠浅の透明な海——

シチリアの海辺の本当に素敵な一軒家に住む（見はるかすテラス・ヴェランダで珈琲《エスプレッソ》を飲んだり好きな人や知人友人と食事）警視モンタルバーノ（若い時は有髪で後にはテリー・サバラスや元祖剃り頭『王様と私』でシャムの

国王に扮したユル・ブリンナー頭になるが）は、ジェノヴァに住む恋人（永〜い付き合い）とは時々彼女が来て一緒に過ごすという「或る意味、理想的な間柄関係」。

モンタルバーノが朝起き抜けや気分転換に豪快にのびのびと沖へ向かって精力的に泳ぐそのダイナミック＆ワイルドな姿に私は直《す》ぐさま旭を思い浮かべたものだ。（そういう印象《イメージ》を彷彿《ほうふつ》とさせられたのだ）

まるで合わないそぐわない似つかわしくない相応しくない文京区本郷（職種分野《ジャンル》により適した土地柄というのは絶対に！　断じてあるもので、新聞社ならば本来「川のある」数寄屋橋は有楽町だったし）に「移転」してしまった日活。（今の若い女職員は「平仮名時代」も知らない）受付も無人。

映画会社の本社はやっぱり東京中央の日比谷（今はすっかり東宝色《カラー》になっ

ているが）や銀座であろう。（そうでなくては）

威容を誇った白亜の堂々たる日活国際会館……最古最初の地下アーケード街があり実に洒落た店々商店がズラリ、一階には外人客の応対に手慣れたモダーンで夢のような舶来の品々を取り揃えたアメリカンファーマシーに、こちらも外人客の多い（大使館のXマスパーティには美容師も招かれたという）アーデン山中美容院、上階には渡辺プロ（『嵐を呼ぶ男』の裕次郎扮したドラマーと北原三枝のマネージャーは渡辺晋&美佐夫婦がモデルというのだが）も店子《たなこ》に入っていた日活ビル（上の方は裕次郎らが華燭《かしょく》の典を挙げた日活ホテルとレストラン、別の場所には当初映画スターが多かった日活アパートも）はペニンシュラなんかに売却してしまい……あの辺も冷たくよそよそしく実につまらなく虚ろになってしまった——

日活は文京区の片隅でひっそりカンとしている。

売って売っての日活調布撮影所は手狭になり「貸す一方」というもはや「名ばかりの日活」となって久しいが。

下落凋落転落没落の兆し、旭がいうところの昭和四十二年は、財テク（なんてコトバは当時ないが）に明け暮れ金儲けに奔走し始めた社長の堀久作が、大番頭いや映画製作の立役者で〝俺は最後の活動屋〟という本を次男の武郎が編纂《さん》し出版した名物常務＝江守清樹郎《えもりせいじゅうろう》（後にユニオン映画を作ったり、組合委員長だった根本悌二に〝最高顧問〟として招かれ迎えられたりもしたが）、「あのままでは雅彦君も駄目ですよ」と久作の長男で後に日活を継いだ子息についても「耳に痛い直言」をする江守を（江の島水族館も日活所有だったが。あちこちに日活ホテルをゴルフ場のために？　天城などなどに拵《こしら》え「バブルで本業以外のこと」に奔走し潰れた麻布和泉家や鎌倉書房他の如く墓穴を掘って）うるさがり。

「俺のどこを斬っても日活だ！」と豪語するのが嘘ではない、四度馘《クビ》になり、四度戻ってきた豪傑＝江守清樹郎常務（後に専務に棚上げ）を斬ってしまった年であり――（父のこともその後に堀は解雇）

それが日活をダメにしドロ沼的様相に陥らせた最大の理由で、吉永の父親と親しく小百合を育てた石神清も一緒にやめ、山崎辰夫撮影所長達も……と「有力な何人もの人々」が退陣。

（作る側と支配する側とでは、出版社の編集と営業みたいに不仲？　水と油で私の父は「江守のヤロー」、などとも口走ってはいたが、無論一目も二目も置いていた）

「日活映画（父の作品と併映作の二本立て）」で産湯をつかったも同然＝

最初の記憶《ファーストメモリー》はスラプスティック『牛乳屋フランキー』。ギッシリ満員の映画館の暗がり暗闇（消防法により妙に明るい今とは違って漆黒に近い暗さ）で息を詰めひそめ、期待にワクワクしながらスクリーンのスター達を、男らしくカッコイイ男優&女らしくキレイな女優達が繰り拡げる〝夢の世界〟でゆりかごのようにパン種のように夢を育まれ……

学校なんかよりず――っと、よっぽど「本当に為になるお勉強（沢山の事々）」を極く自然に会得し学習し吸いとり学んできた〝映画の子〟として（〝輝ける時代の証人〟としても）、

『旭とルリ子本』は懸案（眷恋《けんれん》）であった。

「あの輝きをなんでもっと伝えないのか」

〝凄かった日活〟のことを宍戸錠もそのように――

そんな「目《か》つて確かに在り存在した夢を創り出す場（夢工場《ドリームファクトリー》）」を、当時を「全く知らぬ子達」にも知らせ、〝胸をときめかせ轟《とどろ》かせた人達〟にはありありとしかとまざまざと思い出させ……

「単なる思い出話」や「懐旧懐古譚（談）」ではなく、途切れ途絶えてしまって久しい〝映画街道《シネマストリート》〟を、小路細道脇道からでも「まだ生きている数少ない」〝同志〟と共に切り拓き開拓し創り拡大し復活させ甦らせるその「応援後援助っ人・手助け手伝い《ヘルプ》」をしたいものだ――

猶《なお》、「自分は裕次郎派」と言いつつも、吉永本『小百合ちゃん』（講談社）の際には、今や稀少貴重な資料となっている『近代映画』『平凡』『明星』……昔々、昔日「父が家にいたごく短い束の間の時分」には芸能週刊誌共々届いていた「ア〜〜〜！　とっときゃよかった」諸々の品々数々……オンボロボロボロでも、今となっては高価で稀有な、神保町の矢口書店辺りでは高額（凄い高値）で売られている〝溢れる輝きの証し〟である月刊芸能雑誌をカンパ、今回は何冊かのアキラ本を貸して下さった『イメージフォーラム』かわなかのぶひろ兄よありがとう！

そして――私の疲れ疲れて乱れ乱れた字（自分でも読めない！）を解読判読し印字してくれた旧知の光文社は丸山弘順兄がいなければ、この本は到底出来上がらなかった。心から感謝!!

最後に東京スポーツのお二方＝ココゾという時いつも機敏に敏捷に迅速に対応し協力して下さる三浦伸治兄と、膨大な資料の中から私が所望する「二人のいい写真」をサッと手際よくみつけ出して下さった千葉松美兄よ、本当に本当に！助かりました。

〈終〉

【参考文献】

『さすらい』（小林旭）　新潮社
『永遠のマイトガイ』（小林旭）　たちばな出版
『小林旭読本』（小林信彦＋大瀧詠一）　キネマ旬報社
『徹夜対談・いつもロンリーだった』（内館牧子×小林旭）　講談社文庫
『私は女優』（浅丘ルリ子）　日本経済新聞社
『女優　浅丘ルリ子』　キネマ旬報社

［著者略歴］

中平 まみ

東京生まれ。青山学院初等部卒。NETテレビ『ニュースセブン』アシスタントを経て、『ストレイ・シープ』で80年文藝賞受賞。著書に『シュガーコオトを着た娘』（角川書店）、『バラのしたで』『恋ひ恋ひて』（マガジンハウス）、『まみのリラックス倶楽部』（フレーベル館）、『恋愛論は欲しくない』『危うい女』（河出書房新社）、『メランコリア』（作品社）、『囚われた天使』（KIBA BOOK）、『ブラックシープ　映画監督「中平康」伝』（ワイズ出版）、『フルーツフル』（実業之日本社）、『王子《プリンス》来るまで眠り姫』（清流出版）、『小百合ちゃん』（講談社）、『ポランスキーも小男《チビ》だけどー中平まみ短編集ー』（展望社）、『天気の話は致しません』（未知谷）などがある。

旭とルリ子　二人いるから日活だった

—今も 今でも これからも—

2019年12月21日　初版第1刷発行

著　者　中平まみ
発行者　唐澤明義
発行所　株式会社 展望社
〒112-0002
東京都文京区小石川3丁目1番7号　エコービル202号
電話　03-3814-1997　Fax　03-3814-3063
振替　00180-3-396248
展望社ホームページ　http://tembo-books.jp/
印刷所 製本所　モリモト印刷株式会社

ISBN978-4-88546-370-9

中平まみの好評書

ポランスキーも小男《チビ》だけど

中平 まみ

―短篇集―

文藝賞作家の
衝撃のモデル小説

矢崎泰久さん（フリージャーナリスト 『話の特集』元編集長）から大声援

「モデルの男は個人的な野心のためになり振りかまわず権力にすり寄り、のし上がったいやしいやつです。中平まみさんの勇気ある告白を支持し、力いっぱい応援します」

四六判並製　ISBN978-4-88546-259-7　定価 1,600 円（＋税）